教育的彼岸（一）

走向现代教育

褚宏启　著

教育科学出版社

· 北 京 ·

出 版 人　郑豪杰
责任编辑　王晶晶
版式设计　杨玲玲
责任校对　贾静芳
责任印制　米　扬

图书在版编目（CIP）数据

　　教育的彼岸 . 一，走向现代教育／褚宏启著 .
北京：教育科学出版社，2024. 8. --ISBN 978-7-5191-
4045-8

　　Ⅰ. G40-06

　　中国国家版本馆 CIP 数据核字第 2024WT4664 号

写给中小学教师与管理者的"通俗教育学"
教育的彼岸（一）：走向现代教育
JIAOYU DE BI'AN（YI）：ZOUXIANG XIANDAI JIAOYU

出 版 发 行	教育科学出版社				
社　　　址	北京·朝阳区安慧北里安园甲 9 号		邮　　　编	100101	
总编室电话	010-64981290		编辑部电话	010-64989363	
出版部电话	010-64989487		市场部电话	010-64989572	
传　　　真	010-64891796		网　　　址	http://www.esph.com.cn	
经　　　销	各地新华书店				
制　　　作	北京金奥都图文制作中心				
印　　　刷	河北鹏远艺兴科技有限公司				
开　　　本	720 毫米×1020 毫米　1/16		版　　　次	2024 年 8 月第 1 版	
印　　　张	13. 25		印　　　次	2024 年 8 月第 1 次印刷	
字　　　数	161 千		定　　　价	48. 00 元	

褚宏启老师的文章我之所以每篇必读，不仅因为他的同理心，他是国内最懂学校、最懂校长的学者，而且更因为他的敏锐和犀利，他把复杂问题简单化的能力，让我敬佩，这样的文章不仅管理者渴求，一线老师们也一定会从中获益良多。

——李希贵（新学校研究会会长）

我喜欢褚宏启教授正直真诚、温暖大气的为人；欣赏他平实却深刻、通俗却生动的文风；更敬佩他见地深刻、严谨执着的学者风范。褚教授是我二十多年前首届校长高研班的导师，亦是当时年轻却资深的培训专家。他的文章我大多读过，此次成书，我用了两天时间又粗读了一下，深感不仅是量的汇集，更有了质的跨越。这本书让我们得以窥见教育的彼岸，一个充满人道性与民主性的理想教育。在为我们揭示现代教育本质的同时，提供了现代教育的诸多实践路径，极具启发性和营养性。书中涉及一些真问题、困惑问题、顽疾问题、我们热衷其中却不知道是问题的问题，虽然尖锐却充满建设性。相信读者们读来都会有感悟，有启发，有思考！

——李烈（中国教育学会小学教育专业委员会理事长、北京市正泽学校校长）

《教育的彼岸》三部曲是写给中小学教师与管理者的"通俗教育学"，展现了一位教育学人，对于"现代教育"、"现代人"和"现代学校"等核心问题的创造性理解和独特性表达，既为读者描绘了一幅现代教育图景，也在宏观的国家教育政策、抽象的理论表述与微观教育实践之间，架起了可以驻足其上、行走其中的桥梁。

——李政涛（中国教育学会副会长、教育部中学校长培训中心主任）

在大变革时代，面对全球化的挑战和数字化、智能化的激荡，中小学教师和管理者因工作任务繁重、繁复、繁琐，容易迷失方向、失去激情和放弃责任。阅看《教育的彼岸》三部曲，能让中小学教师和管理者体悟从事现代教育的岗位幸福感、感悟培养现代人的事业成就感、领悟共建浸透着现代精神的现代学校的社会荣誉感。

——张新平（南京师范大学教科院教育领导与管理研究所所长）

这是一本适合零碎时间阅读的书，有观点金句的意蕴，又有可以化用的借鉴；一本揭示教育真实现状的书，让实践者在心有戚戚的困惑和问题中，找到破解的钥匙；一本满怀对学生、教师、校长深情期许的书，关注生命价值与专业成长，教我们如何在复杂的教育情境中确认和安放自我；一本充满现代教育理性精神的书，清晰简明、掷地有声，让读者不禁思考从教育的此岸抵达彼岸，究竟有多远。如果你想翻开这本书，请跟着作者的言说，一篇一篇，"迈向"教育的彼岸。

——窦桂梅（清华大学附属小学校长）

《教育的彼岸》中的很多文章来自《中小学管理》的"宏启观察"专栏，我曾有幸是这些文章的第一读者。本书是褚宏启教授近二十年来关于教育的近身观察与真实感受，见人见事见未来，有观察有批判有建议，有灵魂接地气甚至有血性！曾经引起我们强烈的共鸣，曾经引领我们走出一个个雷区，也必将继续引领我们走向教育的辉煌彼岸。

——孙金鑫（《中国基础教育》主编、《中小学管理》原主编）

走向教育的彼岸

"彼岸"一词有三种含义：一是江河湖海的对岸；二是佛教所指的脱离尘世烦恼、修成正果之处；三是比喻所追求和向往的一种境界。"教育的彼岸"取第三种含义，是指教育的理想境地。

教育的彼岸或理想的教育，是超越现实的、美好的教育，是人人都向往的教育理想国，起码不像此岸的教育那么卷，孩子不会那么累，不再只以分数论英雄，学生能健康快乐成长，能获得全面发展、个性发展与可持续发展；学生、教师、学校都有更多的自主权，政校关系更加和谐，师生关系更加民主，家校关系更为友好，学校、教师和家长都更加尊重学生，都能以人道精神对待每一个学生，真诚地关注与关心他们的内心感受、喜怒哀乐、兴趣需要，切实地激发他们的生命活力、学习动力、发展潜力。

教育的彼岸是期许之地，是教育乐土，其典型特征就是教育具有"现代精神"。理想的教育、彼岸的教育是具有现代精神的"现代教育"，走向教育的彼岸就是走向现代教育。现代精神或者现代性是教育现代化的本质，教育现代化是一个由传统教育转向现代教育的历史过程，是教育现代性不断增长与实现的发展过程。

教育的现代精神包括教育的人道性、科学性、民主性、法治性、专业性等方面，其中，人道性是首要特征。现代精神是本书一脉相承、一以贯之的主线。《教育的彼岸》分为三卷，三卷副书名依次为"走向现代教育""培育现代人""建设现代学校"，三者文脉相同，内涵一致，都是弘扬教育的现代精神，倡导以现代教育、现代学校培育现代人，进而建设现代国家。

从此岸走向彼岸，并不容易，其间充满艰辛，有激流险滩，有狂风暴雨，有顽瘴痼疾，有艰难险阻，克服种种困难不仅需要智慧，更需要勇气。教学的改进需要勇气，管理的改进也需要勇气。狭路相逢勇者胜，勇气来自对"现代精神"的坚守与坚持，来自心中笃定的教育信念与教育情怀。只有做具有现代精神的教育，教育工作者才能为自己找到从事教育职业的价值和尊严。整天陷在题海战术、分数旋涡、升学竞争中的教育人生，其价值是大打折扣的，每一个教育工作者都应该从超越此岸走向彼岸的过程中，获得内在的专业成长和生命价值。需要谨记的是，此岸并非漆黑一片，此岸有成绩有问题、有亮点有难点，此岸是走向彼岸的基础，我们应该从此岸中汲取经验教训、获取信心与力量，并在现代精神的引领下，更快更好地走向彼岸。我们反对历史虚无主义，反对割裂教育发展与改革的连续性，反对否定广大实际工作者过去和现在所做的实际工作的价值。不能只要彼岸，否定此岸。教育要在守正（坚守现代精神）中创新，在继承（反对历史虚无主义）中创新。

本书是为基础教育领域的实际工作者而写的，是近二十年来个人教育随笔的集成，语言通俗易懂，篇幅短小精悍，不同于术语繁多、篇幅冗长的学术文章，收录的多数文章都在两千字以内，可以说，本书是为中小学教师和管理者量身打造的"通俗教育学"。

本书通俗，但不庸俗，直面现实中或者说此岸中的教育问题，并以"现代精神"为价值导向分析问题与解决问题。对于现实问题，不回避不掩盖，有尖锐的批评，但是更强调建设性，力求在分析问题的基础上，提出明确的解决问题的针对性策略。本书最大的期待就是，能够为基础教育工作者包括教育公务员、中小学教师和管理者、教育培训人员等等的日常工作，提供实实在在的启示和帮助。可读性与实用性是本书的突出特点。

此书不是一蹴而就的急就篇，而是对过去二十年尤其是对过去八年多教育改革中现实问题的持续观察与思考。2016 年 1 月，我在《中小学管理》开设教育专栏"宏启观察"，每月写一篇，写到 2024 年 4 月，历时 100 个月即八年零四个月，共写了 100 篇。此前不断有教育界和出版界的朋友督促结集出版，写完 100 篇之时，也是一个好的时间节点，于是开始收集整理这些文稿。本书共收录 139 篇文章，以"宏启观察"专栏文章为主，加上在《中小学管理》《中国教育学刊》《人民教育》《中国基础教育》等发表的其他 40 余篇文章。最早的一篇是发表于《中小学管理》2005 年第 6 期的《建设现代学校制度：校长应注意什么？》，最晚的一篇是发表于《中小学管理》2024 年第 7 期的《教育管理实践与教育管理研究向何处去》，前后时间跨度近二十年。从这个意义上讲，本书也是对过去二十年尤其是过去八年多我国基础教育改革与发展的观察和记录，有助于我们回顾历史、立足现实、展望未来，有助于我们看清来时路，能够更加清醒地从此岸走向彼岸。

本书原计划出一本，但是排版之后发现篇幅较大，为便于读者携带与阅读，于是分为三卷出版。三卷书名分别为《教育的彼岸（一）：走向现代教育》《教育的彼岸（二）：培育现代人》《教育的彼岸（三）：建设现代学校》，分别收录 41 篇、52 篇、46 篇文章。这三卷书共同构成一个相对完整的"通俗教育学"知识体系，其中的每一篇文章，都适合于实际工作者包括每一位中小学教师阅读。绝不是三本书分别有不同的读者对象。

这些文章从题目到内容，都来自活生生的基础教育实践，所涉及的都是真问题，都是实际工作者关心的问题、遇到的难题，在对这些问题进行观察、思考、写作的过程中，我向广大中小学校长、中小学教师、教育局局长、教研员请教很多，也获益很多，是他们支撑起中国的基础教育，是他们给了我理论的勇气与自信。我的很多学术观点不是产生于书本，而是来自真实的中国基础教育实践，实践是理论的源头活水。在此，对广大实际工作者表示衷心的感谢，这本书凝聚着他们的经验与智慧。

最后，感谢《中小学管理》和教育科学出版社对于本书出版所给予的鼎力支持！感谢责任编辑王晶晶女士为本书优质高效出版所付出的劳动！

褚宏启
2024 年 7 月于北京师范大学寓所

目　录

第一编　教育现代化要有灵魂接地气　　　　　　　　　*1*

往事并不如烟：过去 40 年的社会与教育　　　　　*3*

走向现代化 2.0：未来 40 年的社会与教育　　　*6*

教育现代化的灵魂是现代精神　　　　　　　*9*

教育现代化要接地气有灵魂　　　　　　　*12*

教育现代化长什么模样　　　　　　　　*16*

救救孩子：人道性是教育现代化的首要特征　　*19*

五四精神与教育现代化　　　　　　　　*22*

制度为什么重要：教育法治化与学校制度建设　*25*

我们需要有实效低成本的教育国际化　　　　*28*

为教育信息化找到精神家园　　　　　　　*31*

为信息技术找到灵魂　　　　　　　　*36*

基础教育如何进行数字化转型　　　　　　*41*

21 世纪劳动教育要有更高立意和站位　　　*44*

何谓"教育强国"　　　　　　　　　　*47*

我们需要什么样的教育现代化与教育强国　　50

中国教育现代化的几个关键问题　　60

推进教育现代化：如何从"表面"走向"本质"　　63

《中国教育现代化2035》的关键词与问题域　　71

穿越百年　杜威归来　　78

第二编　基础教育如何健康优质发展　　85

要重视基础教育的基础地位　　87

改造我们的教育　　90

中国基础教育现代化的六个关键问题　　93

基础教育健康发展要处理好几个关键问题　　102

建设教育强国，基础教育何为？　　105

教育自信与教育自强：客观冷静看 PISA 2018　　108

供给优质均衡的基本公共教育服务　　112

提升教育质量需解决的关键问题　　115

新型城镇化引发的基础教育变革　　125

教育改革成败不可简单判定　　137

基础教育教学成果奖评选谨防走入误区　　141

第三编　扎实推进教育公平　　147

教育公平升级换代：更加关注结果公平与教育质量　　149

深究"机会均等"：实质机会比形式机会更重要　　153

社会竞争需要什么样的早期教育公平　　157

教育的补偿性公平：让教育惠及穷人　　161

关注与推进"差异性公平"　　165

推进教育公平要聚焦弱势群体　　169

推进微观教育公平：班主任能做什么　　177

推进微观教育公平：科任教师能做什么　　　　　　181

捍卫考试公平　　　　　　184

以城乡一体化思维推进城乡义务教育整体发展　　　188

县中振兴需强化市级政府统筹　　　　　　198

第一编

教育现代化要有灵魂接地气

教育现代化要"走进寻常百姓家",与每一个校长的日常管理、与每一个教师的日常教学、与学生上的每一堂课建立起密切联系。

往事并不如烟：过去 40 年的社会与教育

特别怀念 20 世纪 80 年代，那个时代物质条件并不丰裕，但是整个社会是那样的健康、朴素、向上，那个时候的歌曲《年轻的朋友来相会》《在希望的田野上》一直萦绕心底、令人终生难忘。那个时代是由 1978 年改革开放所开启的。

1978 年 12 月，党的十一届三中全会提出党和国家"工作重心的转移"，由过去的"以阶级斗争为纲"转向以经济建设为中心。这个转移对于中国的发展至关重要，没有这个转移，就没有今天中国的成就与崛起，就没有物质的丰富与文化的自信。国人都该向这次伟大的转移致敬致谢。这次转移也开启了中国教育的新阶段。

党的十一届三中全会召开的时候，我在读初一，当时的情景就仿如发生在昨天，历历在目。一晃 40 年过去了。回顾过往，世事沧桑，但往事并不如烟，值得纪念与反思。对于中国改革开放以来40 年的社会变迁和教育变迁，我是亲历者，经历过许多难忘之事，有无数话可说。但限于篇幅，我只能"写意"式粗描，不能"工笔"式细绘。就从教育与社会变迁、教育与人的发展两条主线去粗描吧。

有人曾问：这个世界会好吗？尽管这个世界从来就没有完美过，尽管有时会出现波折、停顿甚至倒退，但总体而言，这个世界会越来越好。改革开放40年也是如此，前后对比，今非昔比，旧貌换新颜，市场化、工业化、城镇化、信息化、民主化、法治化等现代化变迁持续推进，中国作为一个大国正在崛起，长期以来积贫积弱被人蔑视的时代已经成为历史，1840年鸦片战争以来无数志士仁人的梦想已经初步实现，对此历史性成就，每一位中华儿女包括海外游子都感到骄傲与自豪。

教育受益于这个时代、受益于这个时代的社会发展。国家越富裕，就越有财力发展教育。中华民族重视教育，社会给了教育巨大支持，既有政府勇于承担教育投入责任的壮举，也有"人民教育人民办"的义举，还有各界捐助教育的善举。40年来，我国建立起类别合理、层次完备的现代教育体系，义务教育实现"普九"，高中阶段教育实现普及化，高等教育实现大众化并将走向普及化，职业教育获得大发展，各级各类学校的办学条件发生了根本改观，教育管理的科学化、民主化、法治化不断向前推进，这些都是了不起的历史性成就，令诸多发展中国家羡慕不已。教育的发展，提高了社会文明水平，提升了国民素质，为各行各业培养了大量人才。教育发展与国家发展互相支持、相得益彰，优先发展教育，是改革开放40年的重要经验。

可以毫不夸张地说，改革开放40年，是中国历史上发展最好的一个阶段，没有战乱没有内乱，国家现代化的车轮滚滚向前。一个人不能选择所处的时代，生逢何时，全靠运气。我在改革开放这样一个时代接受初中教育、中等师范教育、大学教育、研究生教育，并在1994年于北京师范大学获得博士学位后留校任教，其后又一直研究教育，并从事教学与管理实践，可以说适逢盛世，深感幸运。作为个人，唯有坚守人道、理性、民主、法治等现代精神，为国家现代化特别是教育现代化尽绵薄之力，才能无愧于中国历史上这个伟大的时代。

改革开放40年中国发展的最宝贵经验是什么？或者说，"灵丹妙药"与"秘密武器"是什么？是制度创新激发了人的主动性积极性创造性，让社会焕发出生机与活力。小岗村的包产到户改革，深圳经济特区的平地崛起等，都是制度创新带来的发展奇迹。包括经济制度、政治制度、文化制度、教育制度在内的一切社会制度，其最根本的价值就是"激励"，就是打破平均主义，就是让人多劳多得，就是充分调动人的积极性主动性创造性。这条根本经验，对于中国未来40年的教育发展意义重大，不可轻视更不能无视。

过去40年，在政府主导的发展模式下，我们完成了教育的规模扩张，中国教育长高了长胖了，但不够强大，有点"虚胖"甚至有些"脆弱"。很多学生应试能力强，但创新能力弱，中国教育的国际竞争力、服务于国家现代化的能力亟待提升。原因何在？就基础教育而言，烤（考）糊了、管死了，是两大主因。分数挂帅，为考而学而教，政府对学校、学校对教师、教师和家长对学生都是管得过多过细过死，导致我们的教育缺少活力。

借鉴改革开放40年中国发展的最宝贵经验，未来的中国教育需要通过制度创新，提供更具人道、理性、民主等现代精神的制度安排，让每一个学生、每一位教师、每一位校长，释放潜力，激发动力，尤其是焕发每一个学生的积极性主动性创造性，这样的教育，才能有力支撑国家现代化和人的现代化。

（原文发表于《中小学管理》2018年第12期，收录时标题有改动）

走向现代化2.0：未来40年的社会与教育

过去的改革开放40年，成就斐然，可圈可点。未来40年，将会如何？再过40年，我们许多人可能已经离开这个世界，但是祖国还在，社会还在，教育还在。因此，展望未来40年不是没有意义的。

不论对于我国社会还是对于我国教育，未来40年的关键词都是"现代化"，而且是2.0版本的现代化。

教育嵌套于社会之中，受制于社会，教育现代化的所处阶段取决于社会现代化的所处阶段。社会现代化分为两个阶段：从农业社会走向工业社会是第一阶段，从工业社会走向信息社会是第二阶段。本文把第一阶段称为现代化1.0，把第二阶段称为现代化2.0。在社会现代化1.0阶段，现代化意味着从农业社会的小农经济、君主专制、等级社会、宗教权威、神灵崇拜，走向工业社会的市场经济、经济工业化、人口城市化、政治民主化、管理科层制、社会法治化等。简言之，现代化意味着工业化、市场化、城市化、民主化、科层化、法治化、科学化等等。社会现代化2.0肇始于20世纪60年代，信息化极大地改变了人们的工作方式和生活方式，信息化浪潮的持续深入使人类社会日渐超越"工业社会"，而呈现出"信息社会"的基本特征。信息化还使全球化"加速"，使"地球村"变得更小。

中国现代化是全球现代化的一部分，不能自外于全球进程，中国的社会现代化和教育现代化也进入 2.0 阶段。尽管全球现代化把我国带入社会现代化 2.0 阶段，但作为现代化的后来者，由于起步晚基础弱，我国社会现代化 1.0 尚未完全到位。当前我国的现代化，不仅要完成 2.0 阶段的任务，还要补课完成 1.0 阶段没有完成的任务，"两阶段问题交叉""两阶段任务叠加"是我国现代化的典型特征。我国现代化的目标是建成"富强民主文明和谐美丽的社会主义现代化强国"，实际上就是两个阶段任务的叠加。所以，作为现代化的后来者，我国的现代化必须"新账老账一起算""两步并做一步走"。

教育服务于社会现代化，最后也要通过人的现代化予以实现。因此，教育现代化的目标定位，最后就聚焦到促进"人的现代化"。在我国，由于长期存在的城乡二元社会结构，以及传统农业文明与封建文化的影响渗透，加上社会现代化 1.0 尚未完结，国人的现代化 1.0 还在路上，如何让所有中国人都具有科学理性、平等开放、民主法治等现代精神与现代素质，依然是个重要而艰巨的任务。

但是，我国还要应对 21 世纪信息社会的挑战，人的现代化 2.0 进程也在同时推进。20 世纪 90 年代以来，为了应对 21 世纪信息化和全球化的挑战，许多国际组织、国家或地区相继颁布了核心素养框架。然而，这些核心素养框架反映了 21 世纪发达国家和地区从工业社会迈向信息社会所需要的关键素质，却不能充分反映发展中国家人的现代化的全部诉求。

因此，我国需要一个与发达经济体有所不同的核心素养清单，凸显中国立场与主体意识，反映现实国情与未来诉求，把人的现代化 1.0 没有完成的"关键任务"，与 21 世纪人的现代化 2.0 的"重点诉求"结合起来，合二为一，形成一个体现我国"人的现代化"优先诉求的新的"核心素养清单"，具体应包括六个方面。（1）创新能力。创新能力是人的主体性的巅峰表现，是人的理性本质的最高体现，是应对知识经济的需要，是提升国家竞争力的需要。（2）批判性思维。批判性思维是科学精神、理性精神的外在表现，也是一个社会走向理性社会的保障。（3）公民素养。其核心是民主法治素养，这是建设现代民主政治与法治社会的保障，是做一个负责任的"世界公民"的必然要求。（4）合作与交流素养。这种素养是人道主义精神的体现，是建设"文明和谐"社会的基础，也是建设人类命运共同体的需要。（5）自主发展素养。这种素养有助于促进人的自主发展、自由发展，并最后走向全面发展。（6）信息素养。这是适应信息社会的必备素养，无须赘述。其中，科学理性精神、民主法治精神、独立自主精神集中反映了人的现代化 1.0 的诉求，而创新创业精神、人道宽容精神、信息素养则集中体现了 21 世纪信息时代人的现代化 2.0 的诉求。

因此，21 世纪的中国教育现代化不同于西方发达国家的教育现代化，是全球教育现代化 2.0 的中国版本，有其独特性。我国社会现代化与人的现代化的现实发展程度还不高，社会现代化难以为教育现代化提供有力的物力财力资源支持和制度政策支持。简而言之，中国教育现代化 2.0 任务重、底子薄，需要政府与社会给予更多的支持，同时也需要教育自身付出更大的努力。

中国教育现代化 2.0 任重道远，不容乐观。

（原文发表于《中小学管理》2019 年第 1 期）

教育现代化的灵魂是现代精神

对"教育现代化"的理解不能表浅化、表面化，教育现象纷繁复杂，教育类别各种各样，但是不论什么样的教育表象、不论什么样的教育类别，只要涉及"现代化"，其必须具有一以贯之的共性的、本质的东西，这个东西就是"现代精神"。现代精神是各级各类教育现代化的灵魂，也是基础教育现代化的灵魂。

推进教育现代化，要抓住教育现代化的灵魂。从学理上讲，教育现代化是指与教育形态的变迁相伴的教育现代性不断增长和实现的过程。教育现代性，就是教育的"现代精神"。从字面上看，现代化是一个过程，"现代化"（modernization）一词是指"转变成为现代"（to make modern），"教育现代化"是指"转变成现代教育"。教育现代性则是现代教育一些特征的集中反映，是现代教育区别于非现代教育、前现代教育的本质属性，如教育的人道性、理性化、民主性、法治性、专业性等。推进教育现代化，就是不断增进教育的现代性，让教育的方方面面，包括教育目标、教育内容、教育教学方法、教育管理等，越来越具有现代精神。离开了现代性或者现代精神，教育现代化就成为没有实质的空壳、没有内容的形式、没有灵魂的过程，就失去了方向，就"失魂落魄"。

某些区域和学校过于重视教育的"表层现代化"，认为现代化学校就是建设高标准的豪华校舍、配备性能最先进的计算机、运用最前沿的监控设备，但是其目标是培养"会考试的人"，而不是"会创造的人"，学生片面发展严重，主体性不彰；课程内容的设计只是为了应试，考什么就教什么，课程内容繁难偏旧，脱离社会需求；教学方式呆板陈旧，满堂灌、题海战术盛行，为了追求考试高分，"只要没学死，就往死里学"，学生负担沉重不堪；教育管理中，不论是教育行政部门的行政管理还是学校内部管理，都以追求升学率作为最重要的政绩，政绩观有偏差，而且管得过死，使教育缺少"活力"，一些地方政府对学校管得过多、干预过多，越位缺位错位严重，学校缺少自主权，同时，学校对于教师和学生也管得过多，师生缺少自主性。总体而言，在不少地方和学校，"考"是目标，学、教、管皆围绕考试而展开，为考而学、为考而教、为考而管，各种各样的严管也往往是为考试服务的。"烤（考）糊了""管死了"不利于学生的全面发展与个性发展，不利于学生主体性即积极性、自主性、创造性的提升，罔顾学生发展的需求和社会发展的需求，这样的教育是与教育现代化的本质、与教育的现代精神背道而驰的。

推进基础教育现代化，要谨防"新瓶装旧酒"，"瓶子"即校舍、设备、信息技术等是"新"的，但"酒"即培养目标、教育内容、教育教学方法、教育管理等却是"旧"的。办学条件当然很重要，但办学条件的现代化不是教育现代化最本质的东西，教育目标和教育过程（教、学、管）的现代化是更为关键的方面。简言之，教育现代化要求确立具有"现代精神"的教育目标，并构建现代课程，使用现代教育教学方法，实施现代教育管理。教育现代化的最后目标是通过现代教育，培养现代人（即具有人道、理性、民主和法治精神的人），建设现代社会（即具有人道、理性、民主和法治精神的社会）。如果对于教育现代化何去何从没有这样的认识，我们的教育现代化的政策与实践必定是肤浅的、短视的，是没根没魂没境界的。

其中，"教育目标现代化"是重中之重，必须对现代教育目标有一个正确和明确的认识，目标统率教育的方方面面，统率教育内容、教育教学方法、教育管理等。教育现代化要培养的不是传统人，而是现代人，而且是 21 世纪的现代人。当前我国的教育现代化，不能无视和脱离 21 世纪这个大背景。教育现代化必须积极应对 21 世纪的挑战，要求教育所培养的现代人具备"21 世纪核心素养"，包括创新能力、批判性思维、沟通与合作能力、自主发展能力、信息素养等。这些素养事关个体能否更好应对 21 世纪的挑战，事关国家发展和民族振兴，事关我国现代化强国建设的成败。

另外，在教育现代化实践中，不仅教育的目标和结果要反映现代精神，培养人的过程（教育教学和管理）和提供的支持也要反映现代精神。据此，在教育教学过程中，要科学设计课程，尊重学生身心发展规律，构建民主平等的师生关系，运用现代教学方法，促进学生自主发展；在教育行政管理和学校管理过程中，要做到科学管理、民主管理、依法管理。

总之，教育现代化的灵魂是现代精神，不论是教育目标（培养什么人）还是教育过程（怎样培养人），都应该洋溢着现代精神。

（原文发表于《中国教育学刊》2018 年第 9 期）

教育现代化要接地气有灵魂

请大家比较下面两组衡量"教育现代化"的指标，看看哪一组指标更接地气、有灵魂？

第一组指标：财政性教育经费占教育经费总投入的比例，公共财政预算教育经费占公共财政支出的比例，人均公共教育经费，学前教育毛入学率，九年义务教育巩固率，高中阶段教育毛入学率，高等教育毛入学率，人均受教育年限，每 10 万居民中大学生数，成人识字率。

第二组指标：学生具有科学素养和民主精神，学生得到全面发展与个性发展，学生可以自主发展，随迁子女受教育机会均等；师生关系民主平等，教育行政决策理性化、程序化，学校具有办学自主权，学校做到科学管理、民主管理、依法管理，教师的知情权、参与权、监督权得到保障，教师具有教学自主权，把因材施教进行到底。

我们绝不否认第一组指标的必要性与重要性，但如果让中小学校长和教师回答上述问题，那么大家可能会认为第二组指标更接地气、有灵魂。只有第一组指标显然是不够的。

我国从 1983 年邓小平提出"三个面向"开始，教育现代化的实践与研究就在持续进行。有些发达地区的教育现代化实践已经推进很多年了，许多地区都制定了大同小异的教育现代化指标体系。但我们如果仔细分析就会发现，许多指标体系在指标构成上，往往更倾向于第一组指标。也就是说，一些地区的教育现代化指标可能存在一个危险，就是不接地气、没有灵魂。

不接地气，主要是指这些衡量教育现代化的指标，与每个学校的具体工作包括课堂教学、学校管理等没有直接联系。其原因有二：其一，教育现代化往往是在区域层面推进，指标的设定往往是站在区域层面去思考问题，对于学校、课堂关注不够；其二，在指标结构中，过于关注投入指标与产出指标，而对于"过程指标"（教学过程与管理过程）关注不够。

因此，中小学的校长和教师们会认为教育现代化是"政府的事情"，与他们关联甚少甚至没有关系。这是一个危险的信号。试想，如果教育现代化不能"走进寻常百姓家"，不能与每一个校长的日常管理、与每一个教师的日常教学、与学生上的每一堂课建立起密切联系，那么教育现代化就成为与师生、课堂、学校无关的"空中飞地"，就成为无本之木无源之水。推进教育现代化不能只靠政府，要依靠每一个教师，要依靠课堂教学和学校管理的改进，要渗透到学校工作的方方面面。教育现代化最后要落在育人上、落到课堂上。

当前一些教育现代化评价指标，往往比较重视对教育结果与教育条件的评价，对于教育过程重视不够。其中很大一部分原因在于教育结果和教育投入的指标，如入学率、达标率、生均经费、人均面积、教师学历等，比较容易测量；而教育过程（包括教学、管理等）方面的指标不容易测量，所以就容易被忽视甚至放弃。这种状况必须改变。

教育现代化没有灵魂，主要是指教育现代化的指标与实践，没能充分反映教育现代化的本质。教育现代化是指与教育形态的变迁相伴的教育现代性不断增长和实现的过程。理解教育现代化的关键是理解"教育现代性"，教育现代性（或者说"现代精神"）是现代教育一些特征的集中反映，它体现了教育现代化过程中教育呈现出的一些新特点和新性质，如教育的人道性、民主性、理性化等，是现代教育区别于非现代教育的本质属性。离开了现代性，教育现代化就成为没有实质的空壳、没有内容的形式、没有灵魂的过程。

反观我国推进教育现代化的现实，某些地方的"教育现代化"甚至走向了教育现代化的反面，用一种反现代的方式推进教育现代化。例如，用粗暴强制的手段，通过一种非人道的过程，去达到某一个指标的数值。在某些地方所谓的"教育现代化"过程中，我们看不到理性的设计，看不到利益相关者声音的表达与被倾听，看不到普通人群的自由和尊严，看不到公共资源的投入对受教育者主体性的增进，看不到受教育者的全面发展、个性发展、主动发展状况的改进。

因此，要重视教育现代性问题，它不仅是一个理论问题，更是一个急迫的实践问题。离开对于教育现代性的认识与把握，去推进教育现代化实践，无异于缘木求鱼、盲人骑马。我们需要有灵魂的教育现代化，这个灵魂就是教育的现代性。

因此，教育现代化的实践推进，教育现代化的指标设计，都必须体现现代精神即现代性。教育现代化的指标不能随意确定。应该在教育结果、教育过程、教育条件三个大类指标之下，进一步筛选重要的指标。何为重要的指标？与教育现代性关系越直接、越密切的指标，就是越重要的指标。重点指标是不能缺少的，否则指标体系就存在硬伤。

那么哪些指标是衡量教育现代化的重点指标？教育以育人为本，教育现代化的根本目的是培养现代人、增进人的现代性。因此，学生的科学素养与创新能力、民主素养、法治素养等现代人的品质，就成为衡量教育现代化的重要指标。在教育现代化实践中，不仅教育的目标和结果要反映现代精神，培养人的过程（教育教学和管理）和提供的支持也要反映现代精神。据此，我们就应关注，在教育教学过程中，师生关系要民主平等，要运用现代教学方法，科学设计课程，尊重学生身心发展规律，促进学生自主发展；在教育行政管理和学校管理过程中，要做到科学管理、民主管理、依法管理，教育决策要理性化与民主化；而在教育支持层面，要建设具有现代精神的教师队伍，提供能支撑现代教育的经费投入（政府公共投入达到一定的比例要求），提供先进的信息技术手段。如果把上述方面予以指标化，指标体系就充溢着现代精神，那么现代性的气息就会扑面而来。这些指标都属于不可或缺的重点指标。

在各地推进教育现代化的过程中，容易测量的指标容易被强调，而不容易测量的指标如过程指标，以及结果指标中的学生创新能力、民主素养等，往往被省略和忽略。我认为，测量问题永远都是次要的、第二位的问题。如果教育现代化指标体系中的指标都很容易测量，但却不能反映教育现代化的实质，那么这样的指标体系也是效度很低的甚至是没有效度的。

教育现代化要有根，接地气，走进学校，走进课堂；教育现代化应有魂，有灵魂，聚焦现代性，有现代精神。否则，无根无魂，失魂落魄，这不是我们所要的教育现代化。

（原文发表于《中小学管理》2018 年第 1 期，收录时有改动）

教育现代化长什么模样

2019 年 2 月，教育界盼望已久的《中国教育现代化 2035》以中共中央、国务院的名义印发。这是"我国第一个以教育现代化为主题的中长期战略规划"，系统勾画了我国教育现代化的战略愿景，绘就了我国教育现代化的路线图。当前和今后一段时期，学习贯彻落实该文件，推进教育现代化，是教育界的首要任务。

推进教育现代化，人人有责。但是，教育现代化是一个复杂的变迁过程，涉及各级各类教育，涉及教育的各个维度，其内容之广泛、问题之复杂，使人们不太容易对教育现代化形成全面、深刻的认知。但要在实践中切实推进教育现代化，每一位教育实际工作者必须对"什么是教育现代化"形成基本共识，需要从总体上知道"教育现代化长什么模样"。

教育现代化到底长什么模样？或者进一步问：面对纷繁复杂的教育现象与教育变化，如何判断教育现代化的有与无、多与少、好与差？笔者以为，把握教育现代化的实质，关键不是看外表，如学校是否拥有高楼大厦、先进设备等等，而是要看是否具备教育的"现代精神气质"，即教育的"现代性"。

先看"有与无"。例如：有的区域或者学校搞"政绩工程""面子工程"，劳民伤财，并无实效，甚至后患无穷。此类行为，实为官僚主义、形式主义的瞎折腾，完全没有"现代精神气质"，根本就不是在搞教育现代化，而是在走向教育现代化的反面。个别校长喜欢独断专行，这种教育管理活动与"现代精神气质"相去甚远，也是走向了教育现代化的反面。

再看"多与少""好与差"。教育现代化是一个过程，"化"就是变化、转化、优化的过程，也就是教育的现代性即教育的"现代精神"不断增长、积累与实现的过程。我们可以从教育的理性化、民主性、法治性、生产性、信息化、国际性、人道性等方面，把握教育现代性的表现与教育现代化的特征，把握"多与少""好与差"。教育"现代精神"在上述七个方面表现得越全面，在某一方面表现的"程度"越深，那么教育现代化就越多、就越好。

可以说，教育现代化发展的理想状态，就是教育的现代精神在不同教育领域、不同教育维度的"全面占领"与"充分实现"。下面逐一再做说明。

第一，教育的人道性。教育应该是人道的，具有人道主义的情怀。教育人道性包括教育的优质性、公平性、多样性（即个性化）等，对此，《救救孩子：人道性是教育现代化的首要特征》一文（见本书第19页）有详细介绍，这里不再赘述。

第二，教育的民主性。主要指教学民主与管理民主。教学民主意味着师生关系民主平等，管理民主意味着社会各界广泛参与班级管理或学校管理。教育的民主性有利于释放学校、教师、学生的活力。

第三，教育的理性化。也称教育的科学性，它与随意性、情绪化、有权就任性相对立。这要求我们遵循教育规律，遵循学生身心发展规律，基于数据和证据，确定合理的课程内容、教学方式与管理方式，实施教育教学与管理活动。当前，对中小学检查验收过多、学校办学自主权不够、学生负担过重、大班额现象等等，都属于不合理现象，都与理性化相悖。

第四，教育的法治性。通过法律手段和制度手段对教育进行管理，使得教育活动的开展有章可循，能带来教育秩序，能提高教育效率。而且，法治与人治相对，可以避免人治带来的随意性、情绪化、不确定性。

第五，教育的生产性。教育的生产性关注教育与经济的关系，要求教育为经济发展服务。由于 21 世纪的经济形态是知识经济，而知识经济的本质是创新经济，因此，教育包括基础教育要为现代经济发展服务，关键是培养学生的创新能力。

第六，教育的信息化。利用最先进的技术手段，提高教育教学和教育管理的效率，促进教育教学方式和管理方式的转变，尤其为个性化教学与个性化学习提供强有力的技术支持。

第七，教育的国际性。教育的国际性不是简单的迎来送往，也不是走马观花、浮光掠影式的国外参观考察，而是通过多种方式，积极吸收国外先进的教育理念、教育内容、教育模式、教育技术，为我所用，积极促进本国的教育现代化。

上述教育现代性的七个方面，如果根据重要性重新排序，那么"价值合理性"要优先于"工具合理性"，人道性、民主性依然要排在前面。理性化、法治性、生产性、信息化、国际性都必须服从于教育人道性的要求。

就某个课堂而言，如果学生在课堂上受尊重，师生关系民主平等，课堂气氛活跃，教师能做到因材施教，学生能得到个性发展，学生课业负担合理，不片面追求考试分数，那么这种课堂就是现代化程度高的课堂。

（原文发表于《中小学管理》2019 年第 3 期）

救救孩子：人道性是教育现代化的首要特征

"救救孩子"是鲁迅先生在《狂人日记》中的呐喊，表现了鲁迅先生忧愤深广的人道主义情怀。这种情怀，对于我国当下的基础教育并不过时，对于我国当下的中小学生如沙漠甘泉。

改革开放 40 年，我国基础教育成就巨大，但存在的一些严重问题也不容忽视。诸如：从教育过程看，学生课业负担重，补习班多，不论是一线城市还是三四线城市概莫能外；从教育结果看，学生高分低能且身体素质差，创新能力不足，片面发展严重，难以应对国际竞争。这样的"过程"与"结果"，对于孩子的现在和未来都没有好处。现在不快乐，将来难幸福。"救救孩子"，既要救其当下，更要救其未来，要立足学生的长远利益和根本利益思考问题，而不是急功近利片面追求升学率。

孩子是人，人是目的，不是工具。孩子不应该是地方政府和学校追求政绩的工具，不应该是社会补习机构谋取金钱利益的工具，不应该是家长光宗耀祖的工具，也不应该是极个别教师挟持家长的工具。孩子有自己的兴趣、爱好、需求，有自己的观点与视角，中国的大人们特别是家长和老师，需要有真正的"儿童立场"，需要倾听孩子的声音，尊重孩子的情感，并给他们提供丰富多彩的课程与教育活动。老师和家长对孩子，不论在学校还是在家里，都不要蛮横专断，不要冷嘲热讽，不要冷漠无视，当然，也不要放纵溺爱。

尊重就是拯救！"救救孩子"的关键是尊重，把孩子当人看，把孩子当有兴趣有需求有个性有喜怒哀乐的活生生的人看。"救救孩子"并不反对知识传授，并不反对考试，但反对加班加点、题海战术、恶性竞争等等非理性非科学的教育教学方式，反对对孩子人格的伤害、身体的摧残、智力的扭曲。用"前现代"的陈腐的教育教学方式，怎么能培养出适应 21 世纪信息时代的人才？拼命刷题、苦不堪言的教育"过程"，只会结出片面发展的"苦果"，与教育现代化进程格格不入、背道而驰。

教育现代化有人道性、民主性、法治性、生产性、理性化、信息化、国际性等诸多特征，其中人道性最为关键，是首要特征。

当前处于信息时代，教育信息化浪潮汹涌澎湃，"互联网+教育"更是如火如荼。因此，人们往往把教育信息化视为进入信息社会后教育现代化的最典型特征。这种看法是有偏差的。我认为，不论是信息社会还是知识经济、全球化，抑或是人工智能，都不足以概括 21 世纪的特点，21 世纪不是技术的世纪，而是"人的世纪"，不能把人淹没在信息技术的滚滚红尘中。在技术与人的关系上，技术永远是为人服务的。

国际组织在推进教育改革时，尤其强调人道精神。例如：联合国教科文组织在其报告《反思教育：向"全球共同利益"的理念转变?》中明确提出，"维护和增强个人在其他人和自然面前的尊严、能力和福祉，应是 21 世纪教育的根本宗旨。这种愿望可以被称为人道主义"，"人道主义发展观的道德伦理原则反对暴力、不宽容、歧视和排斥。在教育和学习方面，这就意味着超越狭隘的功利主义和经济主义……需要采用开放和灵活的全方位终身学习方法：为所有人提供发挥自身潜能的机会，以实现可持续的未来，过上有尊严的生活"。①

上面的引述，是对教育人道性最好的解读。我们不禁要问：我们的校园和教室里，是不是还存在体罚与言语暴力现象？有些孩子是不是被歧视与排斥？我们的教学方式是否过于机械与死板？我们对于教育作用的理解，是否过于功利与狭隘？我们教会学生与他人、与自然和谐相处了吗？我们的教育，维护与增强了学生的尊严、能力与福祉了吗？我们把每个学生的潜能发挥到最大了吗？我们的教育能让每个学生过上有尊严的生活吗？总而言之，我们的教育温暖吗，人道吗？

推进教育现代化，核心是增进教育的人道性。教育的人道性，转换成我国的政策话语，就是"以人民为中心发展教育"。教育的人道性具体包括四个方面。（1）教育的优质性。优质教育不是只给学生一个好分数，更要能够促进学生的全面发展、自主发展、可持续发展，不仅教育结果是优质的，教育过程也是优质的。（2）教育的公平性。教育公平是社会公平的基础，公平的教育要面向人人，体现公正与平等精神，能促进所有人的发展。（3）教育的多样性。只有多样性的教育才能满足学生的不同需求、兴趣与爱好，促进其个性发展。（4）教育的终身性。教育应能服务于人的终身发展，为人一生的发展提供有力支持。

简言之，教育的人道性，是要把人当人看，把孩子当孩子看，尊重每一个孩子的人格尊严与个性差异，归还并保护他们的发言权和选择权，倾听他们的呼声，培养他们的素质，让他们活得有尊严，活得有质量，活得更美好。

（原文发表于《中小学管理》2019 年第 2 期，收录时有改动）

---

① UNESCO. Rethinking education：towards a global common good？［M］. Paris：UNESCO，2015：36，10.

五四精神与教育现代化

又到五月，又到五四，今年是五四运动 100 周年，今年也是《中国教育现代化 2035》颁布之年。五四运动已经过去 100 年，五四精神还有现实意义吗？尤其对于教育现代化还有价值吗？当然有。

五四精神的核心是"爱国、民主、进步、科学"。五四精神与教育现代化有内在联系，二者的本质都是现代精神。五四精神倡导"德先生"（民主）与"赛先生"（科学），强调民主精神与科学精神；教育现代化的实质是教育现代性即教育现代精神的增长与实现，而民主精神与科学精神是教育现代精神的主干。科学性与民主性是衡量现代教育的基本标准，或者说科学的、民主的教育，就是我们需要的、追求的现代教育。而只有这样的教育，才能培养出具有科学理性精神、具有民主精神的现代人，才能建设一个理性的、民主的现代社会。

何谓教育的科学性？何谓教育的民主性？

教育的科学性有狭义和广义之分。狭义的科学性是指课程内容与教学方法的科学性，即在课程中增加和传授科技知识，在教学中培养学生的科学精神，让学生掌握科学方法。而广义的科学性是指教育发展、教育活动开展的理性化与合理性。现代化理论中所讲的理性或者科学性，使用的是广义的概念。

教育的科学性，要求以下诸方面都具有合理性。（1）教育目标的合理性。我们要在深入研判人的发展和现代社会发展对教育的要求的基础上，审慎确立现代教育的总体目标以及不同学段学生发展的具体目标。根据21世纪的客观要求，教育要把培养学生的核心素养作为重点目标，让学生具备科学理性精神、民主法治精神、创新合作精神，以及相应能力，此为国际社会共识。（2）课程的合理性。我们要根据教育目标的要求并在对教育目标细化分解的基础上，确定课程内容，不能使目标与课程之间出现逻辑断裂。课程的科学性与合理性，要求科技知识、人文知识的协调与平衡。课程内容应该是全面的，这样才能满足学生全面发展的个体需要以及社会发展的多方面的需要。（3）教育活动的合理性，包括学习活动、教学活动、教育管理活动的合理性，要求学生的学习活动应该劳逸结合、负担适中，要求教师的教育教学应该尊重学生的身心发展水平和个性特点，要求政府与学校的教育决策要科学化。

反观基础教育的现实，可以发现，不合理的教育现象依然比比皆是。为提高教育的科学性、理性化水平，需要特别强调"教育研究"的重要性。此处的研究既包括国家宏观层面、区域中观层面的教育研究，尤其是政策研究与战略研究，也包括学校微观层面的教育研究（校本的教学研究、德育研究、管理研究等），尤其是课堂层面的教研活动。在各种各样的教育研究中，教师个体对于自身教学活动的研究、对于所教学生的研究尤为重要，只有把学生、学情研究透了，教师的课堂教学方式才能产生深刻的转变，深度学习才能发生。

为提高教育的科学性、理性化水平，还需要提升教育的民主性水平。民主性能够促进理性化。

教育的民主性就是指"教育是民主的"，包括两个方面：刚性的民主管理制度和柔性的民主生活方式。在教育中，刚性的民主管理制度是指教师、家长、学生、社会人士广泛参与教育决策的制度，管理团队集体决策的制度，以及相关的教育管理信息公开与监督制度等。其中，"参与决策"并实行少数服从多数原则是"民主的本意"，是教育民主的核心内容，不容偏离与置换。我认为对教育民主最通俗的解释就是"教育事务，由民做主，一起议决"。有些教育行政官员和某些校长，喜欢独断专行、说一不二、一言九鼎，结果官僚主义作风导致决策失误，给教育工作带来不良后果。这说明，教育管理是否民主，对于教育的科学性有直接影响。教育的民主性意味着对于民情民意的尊重、对于民智的汲取，最后会提高教育的科学性，从这个意义上讲，教育的民主性与科学性是同向同行的，是有内在联系的，"德先生"与"赛先生"是相得益彰的。

柔性的教育民主指的是一种生活方式和道德精神。民主的本质就是把人当人看、尊重别人、说话和气，在学校中，干群之间、同事之间、师生之间、学生之间，都需要建立并推进民主平等的关系，相互尊重、合作共进。尤其在课堂教学中，需要民主平等、自由宽松的教学氛围，只有如此，才能激发学生的思维，培养学生的创新能力。

刚性民主与柔性民主都很重要，二者相得益彰，只有刚柔相济、双管齐下，教育民主性才能更好地被发扬光大。我国封建历史漫长，民主思想与民主文化传统并不深厚，现实的教育管理与教育生活中，非民主的现象依然存在，教育民主化之路依然漫长。

"德先生""赛先生"已经百岁，五四运动已过百年，但五四精神依然年轻，依然具有现实意义。我们希望，五四精神即科学精神和民主精神，能充溢在每一个校园、每一个课堂。如此，则教育现代化就真正实现了。对此，我们充满期待。我们更要为此不懈努力。

（原文发表于《中小学管理》2019 年第 5 期）

制度为什么重要：
教育法治化与学校制度建设

　　教育法治化是一个"化"的进程，是指依法治教程度不断提升的过程。如同教育的人道化、民主化、理性化、国际化、信息化一样，教育法治化也是教育现代化的特征之一。

　　教育法治化是很大的实践话题，比较适合在国家宏观层面上进行讨论。本文则想侧重在学校微观层面进行讨论，重点回答这一问题：教育法治化对于学校意味着什么、有什么具体要求？

　　在学校层面上，教育法治化有狭义与广义两层含义：狭义的法治化仅指依照"国家的法律法规"治理学校；广义的法治化是指既依照"国家的法律法规"治理学校，又积极加强学校规章制度建设并通过"学校规章制度"来治理学校。本文采用广义的法治化概念，"法"既指"国家的法律法规"，又指"学校规章制度"，本文将二者统称为"制度"。这样，教育法治化的问题在学校层面就变成"在国家法律法规的基础上如何加强学校制度建设"的问题。这样我们就必须回答一个关键问题：学校应该靠制度来管还是靠人来管？制度与人，哪个更靠谱？

　　当前，学校制度建设存在几个突出问题。第一，不重视制度建设。个别学校领导要人治不要法治，喜欢一言九鼎、说一不二的感觉，在学校决策中独断专行，随意性与情绪化决策严重，不喜欢用制度来约束自己。第二，学校制度建设形式化。学校尽管建立了一些表面上比较"好看"的规章制度，但是"好看不中用"，不能解决实际问题，流于形式。第三，学校制度的结构不合理不平衡。例如：对于师生约束性的制度偏多，激励性、发展性的制度偏少，制度从整体上偏于管控。第四，学校制度建设出现偏差。或者出现法律偏差，与国家法律法规相抵触；或者出现伦理道德偏差，与现代精神、现代价值观相违背，如人道精神、民主精神不足等。

解决上述问题，要点如下。

其一，要充分认识制度建设的重要性。法治胜于人治，是现代社会的基本共识。制度具有权威性和稳定性，能带来秩序；制度能带来效率，减少不确定性。而人治本身所具有的情绪化、随意性、一言堂、朝令夕改，会导致师生无所适从，必然破坏秩序、损害效率，最后也会损害校长的声誉。因此，明智的校长会把制度建设作为办学治校的基础性工作予以重视。教育行政部门要把制度建设作为考核学校工作绩效的重要内容。

制度和思想教育都会影响人的行为，但是靠制度调整人的行为比靠道德调整人的行为，有更大的优越性。道德的约束为"软约束"，而制度的约束为"硬约束"。制度对于包括校长、教师、学生在内的各类行为主体可以做什么、必须做什么、不得做什么规定得更加明确清晰，对于不当行为的制裁方式规定得更加清晰，明确了学校对合规行为的肯定性后果和对违规行为的否定性后果，形成了一种倒逼机制，使行为人根据制度规定预测自己某种行为的后果，并根据此后果决定是否实施某种行为。

其二，制度建设要关注制度伦理，要具有现代精神，尤其要具有人道性。制度要规定校长、教师、学生的行为底线（即义务），制度要约束人的行为，但是制度建设的根本目的不是约束人，而是激励人、解放人和发展人，教育的规章制度尤其应该具有发展性。

学校规章制度只是局限于定分止争、维护秩序、提高效率是不够的，还要具有人道性，要致力于促进教育公平、提升教育效能（质量），让每个孩子尤其是每个穷孩子都能享受到公平有质量的教育，让每个教师更加关注弱势儿童。为此，要重点完善学生评价制度、教师评价制度、课堂教学制度等，充分发挥制度的指挥棒作用，让学校的教育教学活动沿着立德树人的正确方向前行。制度建设要关注学校的核心业务，要解决学校育人中存在的现实问题。

其三，制度建设在程序上要具有民主性。一些学校的某些制度之所以流于形式而不能解决实际问题，之所以结构不合理尤其是发展性制度偏少，往往与制度制定的程序缺乏民主性相关。一些制度出台往往是由少数领导主导的，或者让几个"秀才"起草，没有广泛征求师生意见与建议，体现民情民意民智不够。程序上的民主，是制度具有合理性针对性实效性的程序保障。

其四，制度建设在流程上要具有完整性。制度就是规则，制度建设在流程上要具有完整性，要做到四点：有法可依，有法必依，违法必究，执法必严。即便制定出很好的制度，如果有法不依、违法不究、执法不严，那么制度也就形同虚设。因此，学校制度建设是个系统工程，每一个环节都要严格推进才能收获法治的硕果。

（原文发表于《中小学管理》2019年第8期）

我们需要有实效低成本的教育国际化

　　国际化是现代化的重要特征之一。教育国际化也是教育现代化的重要特征之一。改革开放 40 多年来，教育国际化对于推进我国教育现代化贡献良多。《中国教育现代化 2035》要求"发展中国特色世界先进水平的优质教育"，教育国际化不能缺位。我们既要扎根中国大地办教育，也要打开国门办教育。在新的历史起点上，我国的教育国际化应该升级换代，应该回归本真，应该解决存在的一些突出问题。

　　国际化不是简单的签协议、走出去与请进来，不是简单的迎来送往、推杯换盏，我们需要"实质性的国际化"，而不是形式主义的、肤浅的国际化。某些地方政府和某些学校热衷于请老外（只要黄头发蓝眼睛就行）乃至名气很大的老外（尤其是诺贝尔奖获得者）来参加活动或会议，包吃包住包玩还有不菲酬金，主要是为了装点门面，博取眼球，找到宣传的噱头。有人将这种现象称为"钱多人傻"，一些外国人对此很困惑：中国人为什么如此好面子爱形式？我国还是一个发展中国家，我们的经费并不充足，但由于不是自己掏腰包，所以官员们挥霍起来也不心疼；而且此类官员实际上也不傻，他们做这些形象工程，就是为了积累有影响力且"洋气"的"高大上"政绩，为个人晋升服务，至于有没有实效并不是他们最关心的。

国际化不能形式化，也不能全盘西化、外国化，更不能唯洋独尊。中外国情差异甚大，某些在国外非常有效的教育经验和管理举措，到了我国未必有效。教育现代化有多种道路多种模式，把外国尤其是西方的教育与文化看得高于一切，一味地崇洋媚外，是教育与文化不自信的表现。我们要对国外异质文化进行甄别、选择和转化，对其中无法转化的和糟粕的东西加以剔除。

教育国际化不是单向的、被动的，而是双向的、互动的、主动的。教育国际化包括两层含义：国际教育的本土化和本土教育的国际化。国际教育的本土化，即洋为中用，吸收国外先进的教育理念，学习国外先进的教育技术，引进国外先进的教育模式；本土教育的国际化，就是通过多种国际交流形式，在全球范围内推广中国教育的经验与模式，扩大中国教育的国际影响力，让更多的人领略到中国教育的独特价值与魅力，吸引更多外国人进入我们的教育体系接受教育。

在国际教育交流与合作中，不论是教育行政官员，还是学校教师、学生，都应该既看到国外教育的长处，也看到我们自己的长处，自尊自信，平等对话，不卑不亢，合作互惠。我国的大中小学教育现在已经积累了很多非常好的经验，甚至西部地区或乡村学校也有很多鲜活的做法、感人的故事，值得向全世界分享。同时，我们也千万不能盲目自负，盲目排外，这样会导致对外国优秀教育与文化的普遍怀疑甚至简单否定。对人类的优秀文化遗产不予吸收接纳，也容易使教育走向封闭。

推进教育国际化，贵在有实效。教育国际化有没有实效，关键看我们是否办好了自己的教育，是否在"培养什么人""怎么培养人"两个方面取得了实质性的突破，是否实现了教育目标与教育教学方法的现代化。首先，在教育目标层面，我们要充分借鉴国际经验，培育学生适应 21 世纪的核心素养，关键是创新能力与合作能力两大"超级素养"。其次，在教育教学方法层面，借鉴国外尤其是发达国家的先进做法，特别是启发式、探究式、讨论式、参与式等教学方式，以及发现学习、合作学习、自主学习等学习方式，促进学生核心素养尤其是两大"超级素养"的发展。

栽上梧桐树，自有凤凰来。如果我国的教育办好了，中国教育的竞争力与吸引力也就提高了，那么国人就会更愿意让子女在国内接受教育，外国人就会把中国作为重要的留学目的地。

教育国际化要实现这样的本真目标，需要花很多钱吗？需要迎来送往吗？未必。试想：一所学校，即便校园里从没有来过蓝眼睛的外国人，即便教师们从未出过国门，但他们通过发达的互联网，通过自身的研究与探索，也完全可以运用先进的教育教学方式，培养出适应 21 世纪发展需要的现代人。这样的学校是国际化学校吗？毫无疑问是。而某些学校，尽管在国际交往中迎来送往，在此方面花费不菲，但依然在培养会考试的人而不是会创造的人，仍然在使用题海战术而不是因材施教，那么这类学校的所谓国际化就是"伪国际化"甚至是"假现代化"。

教育国际化不能搞形式主义，尤其不能崇尚奢靡之风。我国还是发展中国家，还不是很富裕，我们需要有实效低成本的教育国际化。这种教育国际化，每一所学校包括乡村学校都可以做到，每一位校长包括乡村校长都应该努力去做到。

（原文发表于《中小学管理》2019 年第 7 期）

为教育信息化找到精神家园

人类已经进入信息时代。如果说从农业社会走向工业社会是现代化的第一个阶段，那么从工业社会走向信息社会则是现代化的第二个阶段。信息技术不仅改变了人的生活和工作方式，也改变了教育领域中的学习方式、教学方式和管理方式。在信息时代，教育信息化无疑成为教育现代化的一个标志性特征。

2010 年以来，国家发布了若干推进教育信息化的相关文件，如《教育信息化十年发展规划（2011—2020 年）》（2012 年）、《教育信息化 2.0 行动计划》（2018 年）。2019 年 5 月 16 日在北京召开的国际人工智能与教育大会提出，要积极推动人工智能和教育深度融合，加快发展伴随每个人一生的教育、平等面向每个人的教育、适合每个人的教育、更加开放灵活的教育。上述文件与会议等，都凸显出教育信息化在教育发展中的意义与价值。

在此背景下，教育信息化在我国教育领域如火如荼推进，教育行政部门和诸多学校对于教育信息化津津乐道、孜孜以求，教育信息化热度不断提升。智慧校园建设迅速开展，大量社会资本进入教育信息化领域，相关教育类科技公司纷纷成立、多如牛毛。一时间，似乎教育信息化成了教育现代化的制高点，教育信息化似乎就等同于教育现代化了。对此，我喜忧参半。喜的是，政府、学校和民间都在大力推进教育信息化；忧的是，在某些区域或学校，教育信息化可能会偏离正确的方向。

教育信息化在我国的发展既不充分也不平衡。大力推进教育信息化势在必行，很有必要。教育信息化可以推动优质教育资源共享，推动贫困地区、薄弱学校的教育发展，能有力促进教育公平；可以有效改进教育教学方式，使教与学更加个性化、更有针对性，提升教育质量；可以高效快捷提供泛在学习情境，提高教育效率。可谓好处多多。

工欲善其事，必先利其器。现代教育技术是一种工具，是促进教育发展的利器。不积极、不充分利用现代教育技术是不科学、不明智的。教育技术的发展历史大致经历了直观教学技术阶段、媒体技术阶段、信息技术阶段即教育信息化阶段。多媒体技术能综合处理各种媒体信息（包括文本、图形、声音、图像等），且具有交互特性，为教学方式的变革、为教育的跨越式发展创造了条件。信息技术是当前最高级的技术手段，没有信息技术（工具合理性）的加持，教育技术还停留在"刀耕火种"时代，当然谈不上教育现代化。然而，有了教育信息化，不一定就意味着有了教育现代化，还要看教育信息化服务的是什么样的价值目标。对于我国教育发展而言，最重要的不是技术问题，而是价值问题。工具合理性不能超越价值合理性，价值合理性更重要，前者是为后者服务的。从本质上讲，现代化就是一场"合理化"运动，合理性是现代化的目标追求，包括工具合理性与价值合理性两个方面。

过犹不及。我们发现，在某些地区和学校存在"过度"使用信息技术的现象，在使用方式上和使用方向上存在价值偏差。例如：有些课堂过度使用信息技术与多媒体工具，影响学生的视力；有些学校使用技术手段严密监控学生在校期间的一举一动，使用大数据技术评价教师，增加了师生的时间负担和心理压力，使得师生的安全感和自由度锐减；有些社会机构以营利为目的，促使甚至诱使学校和师生过度使用信息技术。我们不禁要问：信息技术作为一种手段，到底应该是解放人、发展人的手段，还是束缚人、压制人的手段？是促使学生健康发展的手段，还是为追逐营利性而损害教育公益性的手段？

因此，如同必须追问人类基因编辑的伦理问题一样，也必须追问信息化背后的技术伦理问题。教育信息化本身并不能回答其合理性与否的问题，只有在教育价值和教育目标层面才能做出回答。

信息化只是一个工具，它是为教育目标服务的。教育信息化不能为信息化而信息化，信息化是为教育服务的。教育信息化的合理性与否不取决于技术自身多么高超，而取决于它如何为教育服务。如果教育信息化是为人的现代化、为国家现代化服务的，那么教育信息化就是正当的。21世纪的现代人是指具有科学理性精神、民主法治精神、独立自主精神、创新创业精神、团结合作精神的人。如果教育信息化能增进这些现代精神，那么教育信息化的目标就达到了。现在个别学校运用信息技术，为应试服务、为控制师生服务、为谋取商业利益服务，甚至不惜侵犯师生的隐私权和财产利益，这样的教育信息化就走偏了方向。

技术不论怎么发达，都不能凌驾于价值之上。信息技术是一把双刃剑，在教育中的应用要设立边界，不能僭越。否则，不良后果将随之而至。即便一所学校用最先进的信息技术把自己武装到牙齿，如果它追求的不是正当的目的，不是为建设具有现代精神的学校服务，不是为培养具有现代精神的现代人服务，不是为建设现代国家服务，不是为学生的全面发展、主动发展、个性发展、可持续发展服务，那么，这里的教育信息化也根本谈不上教育现代化，而是与教育现代化的本质精神背道而驰。

当今世界，技术凶猛，资本也很凶猛，二者联手之后就更为凶猛。当资本与技术联手走进教育领域时，我们要谨防资本的逐利性对于技术的滥用与偏用，要谨防对于教育公益性与学生健康发展的戕害。要提高警惕，睁大眼睛。教育不是唐僧肉，教育信息化不是资本牟利的工具。

技术与教育二者之间应该建立良性的关系。除了从教育的视角评判技术应用的合理性之外，我们还需要从一个更为广阔和深刻的视角去思考技术进步对于人的影响，尤其是信息技术对于学生的影响。教育信息化很热闹，很烧钱，也很伤眼，问题不少。但这些可能还不是最根本的问题，这些都是现象层面、物质层面、生理层面的问题，最根本的是精神层面的问题。近视是大事，灵魂更是大事，学生的精神家园和人生意义尤其是大事。

在信息时代，信息技术无疑使学习更为便捷，但与此同时，是不是使得娱乐也更为便捷？在网络环境下，当学习与娱乐在时间上存在竞争时，学生会选择哪个？很有可能会选择后者。互联网带来的不只是学习型社会，消费性消遣型娱乐型社会也是信息社会的特征之一。对于一些学生甚至很多成人而言，现实是如此无趣甚至无奈，于是他们逃避现实，从网络中寻求刺激与乐趣，甚至形成网瘾而不能自拔，被互联网一网打尽。人在虚拟世界中运筹帷幄、决胜千里，有一种自我实现的幻觉，这替代了对于现实世界的真实的征服，真正的攻坚克难退到后面去了，真正需要的自我实现被掩盖了。学生个体陷于"伪主体性"而不自知，实为双重的悲哀。

人生在世要处理三个关系：人与自然的关系、人与社会的关系、人与自己的关系。在信息时代，又增加了一个关系，即人与网络的关系。当学生沉溺于网络的时候，他就没有时间也不情愿去亲近自然、去接触社会、去面对自己。于是宅在虚拟空间、宅在家里，不和自然接触，不和社会接触，不与家人交心，甚至也不真诚地面对自己的灵魂，沉溺于各种网络娱乐当中，迷失了自己，成为失魂落魄的"网游人"。技术手段应该让人回归本我而不是相反。人与互联网近了，与其他则远了。不少人依赖虚拟空间，而回避真实世界。

　　在技术与人的关系上，尤其是信息技术与学生发展的关系上，我们必须问几个问题。（1）信息技术使得学生更自由了吗？部分事实是，信息技术手段的使用，使得对于学生的监控更加方便快捷了。（2）信息技术使得学生更有智慧、更有思想了吗？部分事实是，学生过分依赖、沉溺于互联网，会成为"电脑孩子"，学生与大自然的"最后一点联系"将被割断，会使他们缺乏高尚的志趣，缺乏对复杂事物的思维能力，会导致思想水平的下降。而且，不知不觉中，大段的时间被不见血地"杀"掉了，学生的生命无声无息地流失了，最后把自己丢失了。（3）信息技术使得人与人之间更亲密了吗？互联网可以使学习更有趣更有效率，但是会导致人们沉溺于此，不爱面对面交往，人与人的关系包括师生关系、同学关系、亲子关系等，会变得更加冷漠与疏离，学生可能会成为内心空虚、自我中心的网络"游荡者"与"流浪汉"。

　　因此，只从技术层面、从工具理性层面，去谈论去推进教育信息化是远远不够的，必须从价值层面，从现代精神、人的发展、人的存在意义等角度，去思考教育信息化的合理性；必须为技术找到价值方向，为教育信息化找到精神家园。

（原文发表于《中小学管理》2019 年第 6 期）

为信息技术找到灵魂

教育部下发《教育信息化 2.0 行动计划》之后，我们认真进行了学习，很受鼓舞。在互联网、大数据、人工智能快速发展的大背景下，我们树立了下一阶段的发展目标："三全两高一大"，即教学应用覆盖全体教师，学习应用覆盖全体适龄学生，数字校园建设覆盖全体学校，信息化应用水平和师生信息素养普遍提高，建成"互联网+教育"大平台。关于教育信息化 2.0，我谨表达一些个人观点。

信息技术无论怎样发展，都要谨防技术理性超越价值理性

最近我们经常提一个词——资本凶猛，实际上现在技术也很凶猛，当资本和技术叠加在一起时就更加凶猛。目前这种情况在全球都呈现出来。信息技术在我国教育领域的应用存在两方面问题：一方面是利用不足，例如在西部等地区，尽管资金和设备投入很多，但使用效率不高，存在浪费现象；另一方面是在某些发达地区存在信息技术使用过度的现象，或者更准确地说是使用方向存在偏差，例如使用大数据技术评价教师，增加了教师的负担和压力，教师很抵触。我们必须思考，技术到底是解放人、发展人的手段，还是束

缚人、奴役人的手段。在技术理性与价值理性的关系上，技术理性永远要服从于价值理性。

《教育信息化2.0行动计划》里面有一些表述，我觉得还可以进一步思考。例如：没有信息化就没有现代化，教育信息化是教育现代化的基本内涵和显著特征。我认为这种说法稍微有点过了。现代化最本质的内容是现代精神，技术手段是第二位的。有一些极端事例甚至表明，技术手段有时会异化成作恶的手段，成为控制人而不是解放人的手段。特别是在人工智能快速发展的背景下，我们讨论技术的发展对人的作用、对教育的作用，首先必须确立价值理性的绝对指导地位，技术只是一个手段。

教育信息化和教育现代化要为人的现代化和国家的现代化服务

信息化只是一个手段，是为教育目标服务的。我们国家最大的目标是什么？我们的第二个百年目标是什么？是实现现代化。什么是现代化？教育怎样为实现现代化服务？教育作为一种手段要为两个方面服务：一方面是服务于人的发展，另一方面是服务于国家的发展。服务于人的发展就是培养现代人，服务于国家的发展就是建设真正的现代国家。教育信息化的核心是教育，教育信息化存在的合理性不取决于技术自身多么高超，而取决于它如何为教育服务。如果教育信息化为培养现代人、为建设现代国家服务的能力很差，那么这种教育信息化是非常值得怀疑的，它的价值取向是有问题的。

《教育信息化2.0行动计划》中有几句话非常好：聚焦新时代对人才培养的新需求，以学习者为中心，满足学习者的个性化需求。讨论教育信息化问题时教育目标是上位概念。教育信息化和教育现代化都要为人的现代化和国家的现代化服务。而这就涉及中国国民性的改造。鲁迅先生讲国民性需要改造，到了 21 世纪，中国的国民性依然有一些不好的方面需要进一步改造。

到了 21 世纪，人的现代化、国家的现代化有了新的时代要求，那么在人的培养目标方面与之前有何不同？这就涉及目前研究比较多的核心素养和关键能力问题。我们讨论教育现代化、教育信息化为人的发展服务，必须结合国际上对核心素养和关键能力的讨论，从这个起点来考虑。21 世纪发生了很大的变化，可称为"三千年未有之大变局"，这种变革不仅包括信息化，还包括全球化，此外还有知识经济。知识经济就是创新经济，21 世纪是一个创新的世纪。对于中国的教育目标而言，有六种核心素养特别重要，即创新能力、批判性思维、公民素养、合作与交流能力、自主发展能力以及信息素养，其中创新能力和批判性思维都属于高阶认知能力。这六种素养体现的是什么精神？是创新精神、科学理性精神、民主法治精神、合作精神和独立自主精神，这些精神正是我们这个民族特别需要的，所谓国民性的改造就是朝这个方向改造。教育信息化的发展，不论是目前的教育信息化 2.0，还是将来的教育信息化 3.0，都要为培育这些精神服务。如果因为教育信息化这些精神反而萎缩了，那么我们的教育信息化就是彻底失败的。

这六种核心素养可以进一步概括为两大超级素养：创新能力和合作能力。创新能力与智商相连，体现的是"聪明的脑"。创新是真聪明，会刷题、会记忆不是真聪明。合作能力与情商相连，体现的是"温暖的心"。中国的孩子特别需要培养这两种能力。教育信息化的价值必须与教育目标紧密联系在一起。如果我们的教育信息化使得我们的孩子头脑更聪明了、心灵更温暖了，那么信息化的目标就达到了。现在我们国家的教育存在的问题是什么？我们现在的培养目标，特别是在中小学，实际上只有两个：第一个是成绩要好，第二个是要听话。只要孩子能考高分而且听话，就是好孩子。这样的孩子其实未必能对国家发展做出很大的贡献。而有创新精神的孩子在教育体制内并不一定受欢迎，老师不一定喜欢。所以信息技术的使用应当让人变得更聪明、更温暖。哈佛大学的哈瑞·刘易斯教授写了一本书，书名叫《失去灵魂的卓越》，描述的是哈佛大学培养的一部分学生，学历很高，成就卓越，但是没有灵魂。我们需要反思一下：有没有"失去了灵魂的技术"？教育信息化和信息技术一定要有灵魂。现在有些学校采用信息化技术为应试服务、为控制教师服务，这样的信息化、这样的技术手段就用偏了。

要设立合理使用技术的边界

教育过程包括教育教学和学校管理。之前有过讨论，即在教育教学和学校管理这两个方面中信息化在哪个方面可以用得更多？讨论的结果是大家觉得可能在学校管理方面信息化可以发挥更大的作用，在学生学习方面也可以发挥一定的作用。在学生学习方面发挥作用，其中的关键点是何克抗教授一直提倡的一个观点，即信息技术要提升学生在学习过程中的主体性，就是积极性、主动性、创造性。每个人在生命中要处理三方面的关系：人与自然的关系、人与社会的关系、人与自己的关系。现在信息化来了，还涉及人与网络的关系。现在出现了一个什么问题呢？孩子宅在虚拟空间里、宅在家里，不和自然接触，不和社会接触，甚至也不真诚地面对自己的灵魂，沉溺于各种网络娱乐当中，迷失了自己。技术手段应该让人回归本我。不要过度使用技术，过度使用会引发问题。对教师的评价也是如此。利用大数据评价教师，教师干的所有工作都要留有痕迹，这是很可怕的事情。当一个人没有安全感，没有一定自由度的时候，他是不可能有创新精神的。当前在我国教育领域，评价是被过度使用的，特别是利用大数据对教师进行评价在一些地区用得尤其过度。信息技术是非常好的工具，这个好工具我们要把它用好，要注意使用中的合理边界。

（原文发表于《中国远程教育》2018 年第 9 期）

基础教育如何进行数字化转型

2023 年 2 月，以"数字变革与教育未来"为主题的世界数字教育大会在北京召开，"教育数字化转型"成为当前我国教育领域的焦点话题。那么，何为数字化转型？基础教育应该如何应对？

国际上有一个被广泛引用与应用的"数字化转型框架"（Digital Transformation Framework），将数字化的发展过程分为数字化转换、数字化升级和数字化转型三个阶段。基础教育的数字化发展也包括这样三个阶段：在数字化转换（Digitization）阶段，重点是将人财物、课程内容、规章制度等物理形式的信息转换成数字信息，进行归档、存储、检索和管理；在数字化升级（Digitalization）阶段，主要关注流程，如教学过程、管理过程等，重点是将流程数字化以进行自动化处理，并简化优化流程；在数字化转型（Digital Transformation）阶段，则重点关注组织的系统变革，使流程与组织目标保持一致，推进组织的改革创新，促进学生的全面发展与个性发展，推进基础教育高质量发展。数字化转换与数字化升级都属于局部变革，而数字化转型涵盖并超越前两个阶段，是整体性变革。简言之，基础教育的数字化转型就是将数字技术引入教学、学习、评价、管理等各个方面，进行全要素、全流程、全领域改造，从而引发基础教育整体变革的过程。

　　基础教育的数字化转型可以从培养目标、育人模式（包括课程内容、教学方式、评价方式等）、平台建设、教师素养、管理方式和价值主张等维度予以整体推进。

　　第一，明确培养目标，培养学生的数字素养。数字素养是21世纪核心素养的重要组成部分，是适应信息化、数字化时代必须具备的关键能力。数字素养主要包括信息数据处理能力、运用信息技术进行沟通与合作的能力、使用数字化工具解决实际问题的能力、基于数字内容重新整合与编排的数字内容创新能力、保护个人信息与遵守数字伦理的数字安全能力等。

　　第二，优化育人模式，系统化推进因材施教，促进学生个性化发展。以数字化转型优化育人模式，可以实现教育规模化与个性化的有机结合，满足学习者的多样化需求，在课程、教学、评价等方面推进因材施教。在课程内容上，应将"数字素养"纳入课程体系，包括开设专门的数字化课程；结合学科、课程特点，将数字素养融入课程目标和内容；加强各种教学资源的数字化改造，促进课程形式多样化和课程内容的个性化选择。在教学方式上，应通过数字技术创新虚实融合的开放教育教学实践，探索融合式教学与智慧教学新形态，为学生提供更加沉浸更具实感的个性化、交互式在线学习体验。在评价方式上，应创新数字化评价工具，实现开放教育全过程、伴随式评价，实时采集、全面记录学生学习多模态数据，精准分析学习成效，及时评价反馈和适时干预，提出个性化学习方案，让教学更有针对性。

　　第三，加快平台建设，夯实基础教育数字化转型的物质基础。基础教育数字化平台是发挥数据作用的新型生产要素，是改变基础教育教学方式、学习方式、评价方式、治理方式的物质基础。基础教育应持续加强平台建设，促进优质教育资源共建共享，提升数字化公共服务水平和支撑能力。2022年我国集成上线国家智慧教育公共服务平台，其中中小学智慧教育平台汇聚了全国最优质的基础教育数字资源，未来要不断丰富完善已有数字资源，并让全国师生用足用好这些资源。

第四，提升教师数字素养，让教师学会运用数字技术优化教学方式。教育数字化转型、学生数字素养的培养，教师是关键。要加强教师培训，提升教师数字素养，使其不仅能有效运用数字技术开展自主学习、自我提升，还能将数字技术、工具和数字资源融入教学过程，选取适切的数字技术来辅助教学，营造参与式、沉浸式、连接式、反思性的在线教学场景。

第五，提高治理能力，促进管理与决策的民主化、科学化。数字化转型为学生、教师、家长等多元主体参与协同治理提供了更加便捷透明的信息平台与渠道。在数字技术驱动下，教育教学管理与决策逐渐向以数据为中心的扁平化、平台化、网格化方向转变，教育治理结构不断优化，民主参与更为广泛，信息提供更加充分，可以大大提升管理与决策的民主化与科学化水平。

第六，凸显人本价值，处理好数字化与人本化（人道性）的关系。在数字化转型中，既要高度重视教育数字化转型带来的变革和优势，又不能过度夸大教育数字化的作用；应清醒地认识到数字化不是教育现代化的全部，充分认识到在教育现代化过程中，人本化大于、高于数字化，数字化蕴含的工具（技术）理性不能僭越价值理性。在基础教育数字化转型中，必须聚焦人的全面发展，以人为本，利用技术和数据更好地了解和支持学生，更好地围绕"以学生为中心"开展工作，尤其是让数字化转型更好地为弱势群体服务。

总之，基础教育的数字化转型是一场深层次的系统性变革，需要多方协同才能有序有效推进。

（原文发表于《中小学管理》2023年第3期）

21世纪劳动教育要有更高立意和站位

　　教育现代化是一个过程。教育的现代性主要包括教育的人道性、民主性、理性化（科学化）、法治化、生产性、信息化、国际化七个方面，此前的文章已经对其他六方面进行了较深入的探讨，今天我们就专门关注一下"教育的生产性"问题。

　　教育的生产性，通俗地讲，就是教育与生产劳动相结合、与经济发展相结合，就是指现代社会中教育的经济功能的凸显与增强。教育以育人为本，教育与生产劳动结合，必须通过育人、通过劳动教育来实现，通过培养人的劳动能力、劳动素养来达成。开展劳动教育、让教育与生产劳动密切结合，不仅是为经济发展、社会发展服务，更是为学生发展服务。

　　有人会问，中考、高考又不考劳动，劳动和劳动教育对学生发展而言真的重要吗？当然重要，甚至比中考、高考还重要。因为，人生究其本质而言就是劳动，不论是从事体力劳动还是脑力劳动，简言之"人生即劳动"。一个人不论在学校学习多长时间，即便读完博士，最后也要走出学校，走进职场。劳动创造财富，劳动锻炼人、发展人，劳动光荣，不劳而获可耻。

　　某些区域、某些学校的教育，往往只是为学生的中考、高考这一时做准备，而不是为了学生一生的职业劳动做准备。劳动教育在学校中被弱化，在家庭中被软化，在社会中被淡化，中小学生劳动机会减少，出现了一些学生轻视劳动、不会劳动、不珍惜劳动成果的现象。

加强劳动教育势在必行。但是，21 世纪的劳动教育，显然与新中国刚成立时的劳动教育有所不同。劳动的形态变了，时代对于学生职业能力或者劳动素养的要求也变了。

简单的家务劳动、服务性的公益劳动、"汗滴禾下土"的农业生产劳动、传统车间的工业生产劳动都是劳动，对培养学生的劳动能力、劳动态度、劳动感情都有很大帮助，但是这些劳动，主要是简单的体力劳动，学生在其中动手有余而动脑不足，手脑并用并不多。此类劳动形式的思维含量、科技含量并不高，与学生将来离开学校走向职场的复杂的职业劳动形态有很大差距。讨论 21 世纪的劳动和劳动教育，尤其是对劳动教育进行顶层设计，要有更高的立意与站位，必须立足于 21 世纪的经济形态与劳动形态，立足于劳动力市场对于劳动者的素质要求。

前现代经济以"简单劳动""体力劳动"为主，现代经济中科学技术被大量运用到生产过程中。学校的劳动教育不能停留在传统经济时代，应该与时俱进。21 世纪的经济是知识经济，知识经济要求加强研发，要求员工成为知识员工，具有更强的创新能力。21世纪对脑力劳动的要求越来越高，经济发展由主要依靠体力劳动转向主要依靠知识创新，创造性劳动的价值愈加彰显。

因此，21 世纪的"教育与生产劳动相结合"，实际上是要求"教育与知识经济"相结合，不能将其肤浅地理解为学生既上课又参加体力劳动，如家务劳动、公益劳动、工农业生产劳动等。

那么，21 世纪需要劳动者具有什么样的劳动素养或者职业能力呢？国际上把劳动力市场需要的劳动素养分为两类：一类是"职业共通能力"，是指不论从事什么行业都必须具备的素养，如创新能力、批判性思维、合作能力、交流能力、信息素养、自我发展素养等；另一类是隔行如隔山的"职业特殊能力"，如医生的治疗技能、护士的护理技能、工程师的设计能力等。我们往往过于关注对后者的培养，而对于前者关注不够。

实际上，"职业共通能力"就是现在国际国内"热气腾腾"的"核心素养"，"核心素养"并不是由教育界先提出来的，而是由产业界、由劳动力市场先提出来的，这几个跨界能力是 21 世纪的劳动者需要具备的关键能力。

行文至此，我们可以发现，劳动、劳动素养和劳动教育都需要升级换代，不能停留在刀耕火种的时代。劳动不只是动手出汗的简单体力劳动，劳动素养不只是一门手艺或职业技能，而是要求培养职业共通能力即核心素养，让学生有"灵巧的手"，具备信息化时代需要的信息素养（不只是掌握特殊的职业手艺）；有"聪明的脑"，能创新、善思维；有"温暖的心"，会交流、能合作。这样的劳动者才是 21 世纪各行各业最欢迎的、能对行业做出更大贡献的人。包括中小学在内的各级各类学校，只有在教育中尤其是在劳动教育中培育学生的这些素养，才能真正为经济发展做出积极贡献，才能把教育现代化的特征之一——"教育的生产性"落实到位。

什么样的劳动光荣？所有的劳动都光荣。但是，在 21 世纪的今天，最光荣的劳动是创造性劳动。让学生学会创造性劳动，而不是简单的体力劳动，是 21 世纪教育现代化、社会发展与人的发展的内在要求。

（原文发表于《中小学管理》2019 年第 9 期）

何谓"教育强国"

近期，"教育强国"一词很热。2035 年建成教育强国是我国教育改革与发展的战略目标。1840 年第一次鸦片战争以来，每一位中国人都有一个"强国梦"，都希望中国摆脱贫弱成为一个富强的国家。教育强国是现代化强国的组成部分，在整个现代化强国建设中，教育强国建设具有先导性和基础性地位，所谓"强国必先强教"就是此意。何谓"教育强国"？可以从三个方面把握其含义。

第一，放眼全球，从国际比较看教育强不强。

"教育强国"是一个中国本土化的概念，但是这个概念内在地具有国际比较的视野。是不是强国，需要与别国进行比较，简而言之，就是比绝大多数国家强，能够在比较中处于领先地位，处于第一方阵。"强"有"强大""一流""优异""卓越"之意，教育强国是指某个国家的教育在世界范围内具有比较优势和竞争优势。教育强国战略的提出，标示出我国教育面向世界的自信态度与自强行动，是"三个面向"的延续与升级。

国际比较若要靠谱、可信，评价指标的确定至关重要。用于比较的指标必须是国际可比的、科学客观的，相关数据是可以获取的。教育强国是采用国际可比的指标与数据在国际比较的基础上得出的相对结果，指标可靠性与数据可得性成为国际比较的基本前提。用于教育国际比较的指标包括两大部分：教育贡献大不大，教育自身硬不硬。这就要求既要跳出教育从贡献度看教育强不强，又要跳进教育从自身发展水平看教育强不强。

第二，跳出教育，从贡献度看教育强不强。

教育强不强，教育自身说了不算。教育不能自说自话，自己设计一套指标，过了若干年，自己说已经建成了教育强国。关键是外部认可，看教育所发挥的作用和功能是不是强大。

教育强国的最终评价标准、根本衡量标准是教育功能强，即教育服务能力强大，包括教育服务于社会发展与人的发展、服务于国家现代化与人的现代化的贡献度大。在新时代，教育要把服务于民族复兴、国家富强、人民幸福，促进经济、政治、文化、科技发展，促进全体人民的富裕富足与全面发展（尤其是创新能力的发展）作为功能性目标。当前，国家创新发展和世界人才高地建设对教育功能提出更高要求，服务人力资源水平提升和服务创新发展能力增长，构成新时代教育服务贡献度的两个重要支点。

从现实看，我国的教育贡献度还有很大提升空间。教育是培养人才的，我国教育所培养的人才规模全球第一，但是人才的结构和质量存在问题。从结构看，职业教育和高等教育的专业设置不合理，有些专业重复设置严重，与劳动力市场、产业结构不匹配，不能高效促进产业升级；创新型人才和技能型人才短缺，不能有效支撑创新型国家建设和技能强国建设。从质量看，唯分数、唯升学依然盛行，学生片面发展严重，个性发展不足，学生的社会责任感、创新精神、实践能力亟待提升。

第三，跳进教育，从自身发展水平看教育强不强。

打铁还需自身硬。教育强国是教育自身强与功能输出强的有机统一。教育自身强是教育功能强的前提。教育自身强是指教育总体实力强大，在规模、结构、质量、公平、育人模式（包括内容、方法、评价等）、治理方式、条件保障等维度上，达到较高水平并具有国际比较优势。其中，高质量是教育强国的核心维度，从教育大国到教育强国的转变可以表征为一种以质量为核心的系统性跨越。

具体而言，教育自身强包括以下要点。一是教育质量高。各级各类教育质量标准具有中国特色与国际水平，教育功利化倾向得到根本扭转，在全社会树立起科学的人才观、成才观、教育观；学生综合素质高、创新能力强，拔尖创新人才自主培养能力实现根本突破；课程内容、教学方式、考试评价方式改革统筹推进，能有效支撑学生的综合素质提升尤其是创新能力发展。二是教育结构优。各级各类教育能做到纵向衔接、横向沟通，基础教育、职业教育、高等教育和继续教育协调发展，教育结构与产业结构高度契合，教育体系能有效输出国家现代化建设所需要的各类人才，尤其是创新型人才和技能型人才。三是教育保障足。教育强国建设需要"相对充足"的人财物和信息化保障。强不是廉价的，是需要付出代价甚至是要花大钱的。强教必先强师，教育保障中最为关键的是人力资源保障，即教师队伍建设。当前亟须解决教师结构性缺编、专业素质不高等问题。四是教育治理活。"烤（考）糊了"与"管死了"是制约我国教育高质量发展的两个老大难问题，亟待破解。政府对学校、学校对师生、教师对学生都管得过多过细过死，使得学校、教师、学生缺少自主权，缺少生机与活力，进而导致主体性匮乏与创新能力不足。

总之，国际比较强、教育贡献大、教育质量高、教育结构优、教育保障足、教育治理活等方面构成教育强国的主要维度。一个国家是不是教育强国，可以从这些方面予以综合评价。

（原文发表于《中小学管理》2023 年第 7 期）

我们需要什么样的教育现代化与教育强国

　　加快教育现代化、建设教育强国，是未来我国教育改革与发展的主旋律。教育现代化是一个"化"的过程，从字面上看，"教育现代化"就是把前现代的、传统的教育"转化为现代教育"。与教育现代化是一个过程不同，"教育强国"则是教育发展的结果、教育现代化的结果。或者说，教育现代化是因，教育强国是果。"现代教育"是连接教育现代化与教育强国的一个重要概念，"强大的教育"必须、必然是"现代教育"。传统教育不能应对21世纪知识经济、全球化、信息化的挑战，没有国际竞争力，是孱弱的教育、脆弱的教育，不是"强大的教育"。

　　加快教育现代化、建设教育强国，首先必须深化对于教育现代化和教育强国的理性认知，需要明明白白搞清楚"我们到底需要什么样的教育现代化与教育强国"。实际上，学术界和实践领域对于教育现代化和教育强国依然存在一些认识误区。如一些人认为，教育现代化主要是办学条件的现代化，热衷于盖高楼、买设备，注重教育的"表层现代化"，重视教育现代化的"面子"，而对"里子"如学生创新思维发展、课堂教学方式改进等关注不够；再如一些人认为，教育强国就是用一些可以量化的指标说明我国教育"比他国强"，这些指标主要包括各级各类教育毛入学率、教师学历水平、劳动年龄人口平均受教育年限等，完全根据这些指标或者类似指标确定我国是否为教育强国，满足于某个指标数字的快速增长与简单超越，没有看到教育强国和教育现代化内涵外延的复杂性和丰富性。

本文力图回答以下问题：教育现代化与教育强国建设的目标是什么？什么才是真正的教育强国？教育现代化的本质是什么？如何在教育体系、教育内容、教育教学方法、教育管理、教育保障等方面推进教育现代化并建设真正的教育强国？本文力图为教育现代化与教育强国建设找到社会坐标与逻辑方位。

教育现代化与教育强国建设要"为国""为民"

教育现代化与教育强国建设要为"社会主义现代化强国"建设服务，而且要充分体现"以人民为中心"的发展思想。

"大而不强"是中国教育的典型特征，正因为如此，我们对于教育之"强"有特别强烈的追求。如何衡量是否是教育强国呢？选择一些教育发展指标，如各级各类教育毛入学率、教师学历水平、劳动年龄人口平均受教育年限等与他国相比，如果某个指标高于某国，那么我国就比某国"强"。这种比较并非没有意义，有利于找到我国教育发展的国际方位，有利于增进教育发展的自信心（因为改革开放40年我们的确发展很快），但是问题在于：这些指标能完全反映教育强国、教育现代化之内涵外延的全面性与丰富性吗？

教育是一种手段，是为国家发展和人的发展服务的。是否是教育强国，取决于教育对于"本土"的国家发展和人的发展的"服务能力"大小。如果一国的教育能够有力促进现代化强国建设、能够有力促进人的现代化，该国就是教育强国。强，是指服务于目标的能力强，是指促进人的现代化与国家现代化的能力强。真正的"强大"，是办好自己的事情，让自己的国家和人民真正受益。而这，才是最为重要的。我们要坚持扎根中国大地办教育，我国的教育现代化与教育强国建设必须有鲜明的主体意识和独立精神。

为国家发展、社会进步服务，是教育的基本社会功能。在建设社会主义现代化强国、实现中华民族伟大复兴的大背景下，教育是民生，更是国计，教育现代化与教育强国建设要服务于"现代化强国"建设。民生求公平，国计求卓越。教育不仅要追求公平，更要追求卓越。为建设现代化强国服务，是中国教育的历史责任。习近平总书记在全国教育大会上讲话指出，教育是民族振兴、社会进步的重要基石，对增强中华民族创新创造活力、实现中华民族伟大复兴具有决定性意义，要坚持把服务中华民族伟大复兴作为教育的重要使命。这对教育现代化与教育强国建设提出了更高的要求。

教育为社会主义现代化强国建设服务，是通过育人、通过人的现代化来实现的，因此简言之，教育强国有多强，最后取决于促进"人的现代化"的能力有多强。但是，我们不能狭隘地只是从"工具价值"的维度来看人的现代化问题，来看教育现代化与教育强国建设问题。人是目的，不是手段。教育强国建设要充分体现"以人民为中心"的发展思想，要真正做到以人为本。真正的教育强国，能够最大限度地促进本国人民的发展，提升其积极性、主动性、创造性，让教育成为本国人民美好生活的基石。

教育对提高人民综合素质、促进人的全面发展具有决定性意义。这也是当下国际社会在推进教育改革与发展时加以强调的价值方向。例如，联合国教科文组织在《反思教育：向"全球共同利益"的理念转变?》中明确提出，"维护和增强个人在其他人和自然面前的尊严、能力和福祉，应是 21 世纪教育的根本宗旨。这种愿望可以被称为人道主义""人道主义发展观的道德伦理原则反对暴力、不宽容、歧视和排斥。在教育和学习方面，这就意味着超越狭隘的功利主义和经济主义……需要采用开放和灵活的全方位终身学习方法：为所有人提供发挥自身潜能的机会，以实现可持续的未来，过上有尊严的生活"。①

也就是说，真正的教育现代化与教育强国建设是能够"强有力"地促进人的发展的，所提供的教育具有四个特点：（1）优质的，能促进人的全面发展与充分发展，所培养的素质具有国际竞争力，能有力服务于社会主义现代化强国建设；（2）公平的，面向人人，体现公正与平等精神，能促进所有人的发展；（3）多样的，能满足差异化需求，能促进人的个性发展；（4）终身的，能促进人的终身发展，为人的一生发展提供便捷、有力的支持。

总之，教育现代化与教育强国建设要"为国""为民"，既要为国谋发展，也要为民谋幸福，而且国家发展最后的目标也是要为民谋幸福。教育现代化与教育强国建设一定要坚守"以人民为中心"的发展思想。

教育现代化与教育强国建设要为"人的现代化"服务

教育以育人为本，教育为现代化强国建设服务也必须通过人的现代化、通过培育现代人来完成。"少年强则国强"，"强教"（教育强国）服务"强国"（现代化强国）的中间环节是"强人"（具有现代精神、具有国际竞争力的人），"强教—强人—强国"是一个先后有序的因果链条。

在我国的现代化强国建设中，消极保守、墨守成规、因循守旧的传统人是不能成为合格的社会主义建设者和接班人的。只有具有现代精神的现代人，只有具备 21 世纪核心素养的现代人，尤其是具备社会主义核心价值观和创新能力的现代人，才是真正的"强人"，才能成为真正的社会主义建设者和接班人。

---

① UNESCO. Rethinking education: towards a global common good? [M]. Paris: UNESCO, 2015: 36, 10.

　　因此，教育现代化与教育强国建设的主要任务，就是促进人的现代化，就是通过具有现代精神的教育、通过教育的现代化，把传统人、受教育者"化育为"现代人，让其具有平等开放、民主法治、科学创新等现代素质。

　　通过教育现代化促进人的现代化，使命神圣。著名现代化学者英克尔斯等在著作《从传统人到现代人——六个发展中国家中的个人变化》中指出："如果在国民之中没有我们确认为现代的那种素质的普遍存在，无论是快速的经济成长还是有效的管理，都不可能发展；如果已经开始发展，也不会维持太久。在当代世界的情况下，个人现代性素质并不是一种奢侈，而是一种必需。它们不是派生于制度现代化过程的边际收益，而是这些制度得以长期成功运转的先决条件。现代人素质在国民之中的广为散布，不是发展过程的附带产物，而是国家发展本身的基本因素。"① 我国的社会主义现代化强国建设，需要人的现代化作支撑、作基础。

　　2018 年 8 月著名漫画家方成先生逝世，享年 100 岁，他的漫画大力鞭挞国民性中的落后与丑陋，对于官僚主义的讽刺更是入木三分。朋友圈里纪念他的两篇文章刷屏，即《方成已去，他讽刺的人和事还在茁壮成长》和《方成的讽刺漫画作品：似曾相识，何以痼疾难除？》。为何还在茁壮成长？何以痼疾难除？这充分说明人的现代化的艰巨性，进而说明教育现代化使命的艰巨与神圣。

　　因此，本文所讲的"人的现代化"，不仅针对青少年学生，也针对校长、教师、教育行政管理者，甚至所有大众。所有的教育，不论是中小学教育还是成人教育，甚至在各级党校开展的干部教育，都应该把自己的教育对象（不论男女老幼、职位高低）培养成现代人。

---

　　① 英克尔斯，史密斯. 从传统人到现代人：六个发展中国家中的个人变化［M］. 北京：中国人民大学出版社，1992：454-455.

教育现代化与教育强国建设，要紧紧围绕人的现代化展开，而不是围绕一堆数量化的指标如入学率、达标率、参与率、巩固率等。这些指标当然重要，但不是最重要的。须知，某些把追求升学率做到极致、高考升学率很高的超级高中，在追求高分的同时，却严重压抑了学生的主体性，把学生培训成了考试机器，哪里还能关注到学生平等开放、民主法治、科学创新等现代素质的培养？

更加需要关注的是，当前在许多区域和学校，由于片面的教育观和政绩观在作怪，"分数挂帅"依然大有市场，这种片面追求升学率的教育，是与人的解放背道而驰的，所带来的不是人的现代化，而是"人的异化"。教育现代化与教育强国建设，要促进人的全面发展、个性发展、主动发展、可持续发展，这样的人，才有积极性、主动性、创造性，才有国际竞争力。

人的现代化，不能脱离时代。要适应 21 世纪新的时代要求，具备 21 世纪所需要的"新现代素养"即"核心素养"。21 世纪的现代人必须具备"核心素养"，如创新能力、批判性思维、公民素养、合作与交流能力、自主发展能力、信息素养等。① 这些素养反映了创新精神、科学理性精神、民主法治精神、尊重宽容精神、独立自主精神等具有鲜明 21 世纪特征的"现代精神"，是人的现代化、国民性改造的核心清单。

推进教育现代化要把握其现代性本质不能偏离

推进教育现代化，要抓住教育现代化的灵魂。教育现代化是指与教育形态的变迁相伴的教育现代性不断增长和实现的过程。教育现代性是现代教育一些特征的集中反映，它体现了教育现代化过程

---

① 褚宏启. 核心素养的国际视野与中国立场：21 世纪中国的国民素质提升与教育目标转型 [J]. 教育研究，2016（11）：8–18.

中教育呈现出的一些新特点和新性质，如教育的人道精神、理性化、民主性、法治性等，是现代教育区别于非现代教育的本质属性。教育现代性，就是教育的"现代精神"。教育形态如教育体系、课程内容、教育教学方式、管理方式等始终在变化，但变化不等于进步，有些变化属于形式主义的"伪创新""真折腾"，与现代精神背道而驰、相去甚远。

现代精神应该贯穿教育的各个方面各个环节。教育目标应该体现现代精神，要培养现代人，而且要培养 21 世纪的现代人。同样，教育体系、课程内容、教育教学方式、管理方式都应该体现现代精神。例如，在教育体系中构建"立交桥"，让职业院校的学生有进一步升学的机会；在教育教学过程中科学设计课程，尊重学生身心发展规律，师生关系民主平等，运用现代教学方法，促进学生自主发展；在教育行政管理和学校管理过程中，做到科学管理、民主管理、依法管理等。

当前，教育现代化与教育强国建设必须回应现实，解决若干关键问题。

第一，教育目标缺乏国际竞争力。在不少地方和学校，实际的教育目标以培养学生的"应试能力"为核心，没有国际竞争力，教育目标需要升级换代。习近平总书记多次强调，一个国家和民族的创新能力，从根本上影响甚至决定一个国家和民族的前途命运。我国教育要重视培育学生的核心素养，尤其要重视培养学生的创新能力。要通过考试制度、评价制度的改革，倒逼并促进创新能力的提升。习近平总书记指出，要扭转不科学的教育评价导向，坚决克服唯分数、唯升学、唯文凭、唯论文、唯帽子的顽瘴痼疾，从根本上解决教育评价指挥棒问题。

第二，教育体系存在战略性短板。要完善教育结构体系，大力加强英才教育。英才教育是指针对英才儿童的教育。英才儿童是一个国家的战略资源和稀缺资源，能否开发好、利用好至关重要，涉及一个国家的核心利益、核心竞争力。英才教育的目标是培养创新能力强的优秀人才。现代化强国建设需要英才教育，英才教育是一项具有国家战略意义的事业，却是我国教育体系中的"软肋"，亟待加强。

第三，教学方式相对单一、陈旧。基础教育中死记硬背、"题海战术"、片面追求升学率现象严重，学生课业负担很重，因此需要倡导启发式、探究式、讨论式、参与式教学，激发学生的好奇心，培养学生的兴趣爱好，营造独立思考、自由探索、勇于创新的良好环境，让学生学会发现学习、合作学习、自主学习。为改进教学方式，需要加强对教师的培训，提升教师素质；需要控制班额，尽快消除大班额和超大班额，为因材施教创造更好的条件；需要充分运用信息化手段，促进学生的个性化学习。

第四，教育管理滞后。简政放权不够，学校办学自主权不足，教育活力匮乏。政府要简政放权，深化教育领域"放管服"改革，充分释放和激发教育生机活力，充分发挥学校办学主体作用，大幅度减少各类检查、评估、评价，为学校潜心治校办学创造良好环境。要通过学校内部"二次分权"，促进学校内部教育治理现代化，给教育发展带来"活力"，尤其是给"学生培养"带来生机与活力，解放学生的学和教师的教。给学校自主权，就是为了凸显学校的主体性，增进学校办学的专业性，更好地促进学生的发展。

第五，教育人力资源建设薄弱。主要体现为教师质量数量问题和教育局局长专业化问题。强师才能强教，在前文提到的"强教—强人—强国"的关系链条之前，还有一个关键的变量就是教师，完整的关系链条是"强师—强教—强人—强国"。强师要点有二：质量优良，数量充足。要提高教师素质，必须加强职前培养与职后培训，本文更想强调的是更为重要的基础性问题，即教师数量不足的问题，可以说，教师短缺会引发严重的教育危机。当前教师缺编与短缺主要表现为：区域层面教师总量缺编、城镇尤其是县城教师缺编、农村教师结构性缺编、农村小规模学校教师数量不足、非教学人员"占编"或者教学人员"在编不在岗"导致一线教师不足。教师数量不足，必然导致教育揭不开锅，基本的教学工作难以为继，突破了教育的底线甚至红线，严重影响了教育秩序，带来直接的教育危机。为解决有人上课问题，不少学校遂招聘临时"代课教师"以应急需。这些人员待遇偏低、流动性强，其职业素养、社会保障、专业发展都值得忧虑。①

另外一个问题是教育行政人员专业化特别是区县教育局局长专业化的问题。教育发展的水平和质量取决于三支队伍的水平和质量：教师队伍、校长队伍、教育行政队伍。相比较而言，人们对教师专业化和校长专业化给予了很多关注，而对教育行政人员专业化的关注明显不够。由于没有法定的、严格的资格要求，不少人没有教育教学和教育管理经验也能成为教育行政干部，出现了为数不少的外行领导内行的现象。习近平总书记强调，党政主要负责同志要熟悉教育、关心教育、研究教育。这说明，今后教育管理干部必须走专业化道路。国家有关部门今后需要在教育局局长的任职资格方面提出要求与限制。

然而，不论是教师缺编还是区县教育局局长专业化问题，都不是教育部门自身能够解决的，需要人事管理部门、干部管理部门等出面解决。

教育现代化与教育强国建设，要求提供更高质量更加公平的教育，而更高质量更加公平的教育也是更为"昂贵"的教育，需要更多的资源如人力、财力、土地资源作保障。简言之，教育现代化与教育强国建设需要更多的人、钱、地等资源，而教育行政部门自身

①　褚宏启. 再缺也不能缺老师："教师荒"是当前最严重的教育危机 [J]. 中小学管理，2017（9）：60.

没有这些资源，政府与社会要给予教育更多的支持。各级政府要切实落实教育优先发展战略，没有强有力的资源支持与政策支持，教育现代化难以实现，教育强国难以建成。

（原文发表于《人民教育》2018年第20期，收录时有改动）

中国教育现代化的几个关键问题

改革开放 40 多年来，我国教育发展取得历史性成就，建成了世界上最大规模的教育体系，教育总体发展水平已进入世界中上行列，但是"大而不强"，教育发展仍不平衡不充分，还不能完全适应和有效回应国际竞争、国家现代化、人的现代化等客观要求，因此，贯彻落实《中国教育现代化 2035》，加快推进教育现代化，成为我国教育改革与发展的主旋律。当前，推进教育现代化，要关注和解决以下五个关键问题。

第一，教育质量问题。"大而不强"主要体现为质量问题。质量问题涉及教育的根本问题，即"培养什么人"的问题。唯分数、唯升学等顽瘴痼疾依然大量存在，不仅存在于基础教育领域，也存在于职业教育和高等教育领域，不少学校孜孜以求于培养"会考试的人""会考高分的人"，而不是培养"会创新的人"，导致学生片面发展严重、关键素养缺失、创新能力缺乏。而国际竞争、国家发展甚至个人发展，关键要依靠创新能力。因此，需要树立正确的质量观，把培养学生一生都需要的 21 世纪核心素养作为教育的主要目标，强化创新能力、批判性思维、公民素养、合作与交流能力、信息素养等的培育。

各级各类教育都需要培养学生的核心素养，以适应 21 世纪的挑战。培育核心素养，课程内容、教学方式、评价方式都需要发生相应变化。要根据核心素养的要求，规划与设计大中小学的课程，使课程内容与核心素养精准对接，改变课程内容多而不当、空疏无用甚至繁难偏旧的问题。改变"满堂灌"、死记硬背、题海战术等落后的教学方式，运用启发式、探究式、讨论式、参与式等先进的教学方式，同时用好评价这个指挥棒，从考知识转向考能力、考素养，合力推进核心素养的培养。

第二，教育公平问题。教育公平问题突出表现在基础教育阶段。从空间维度看，我国区域之间、城乡之间、学校之间基础教育发展质量尚存在明显差距，基本公共服务均等化水平有待提升；从群体角度看，农村儿童、残疾儿童、随迁子女、留守儿童、家庭经济困难学生等还需要更多的支持与关爱。当前，需要进一步推进城乡教育一体化改革，破解城乡二元教育结构，提升农村学校的办学质量；需要进一步推进城市内部的学校均衡化发展，做好集团化办学、学区制改革、教师交流轮岗等工作，提升城市薄弱学校的办学质量。

第三，教育结构问题。教育结构问题突出表现在职业教育和高等教育中，专业设置与社会需求契合度不够，专业结构与产业结构匹配度不够，导致教育发展与经济发展出现错位，高校毕业生在劳动力市场上就业率逐年走低，而经济发展所需要的人才又严重短缺。因此，需要跳出教育看教育，加强对于专业设置的规划与优化。

第四，教育保障问题。更高质量更加公平的教育需要强有力的、高水平的保障。保障包括人力、财力、物力、信息化等，其中人力资源保障最重要。提高教育质量关键在教师，城乡教育差距、优质学校与薄弱学校差距主要体现为师资水平的差距。强教需先强师，强师需要从教师的职前培养和职后培训两个方面双管齐下，重点提升教师培育学生核心素养的能力，尤其是培养学生创新能力的本领。

　　第五，教育治理问题。学校自主权不足是长期以来存在的突出问题，亟待解决。政府需要进一步转变行政职能，给各级各类学校下放更多的事权、人权和财权，让学校自主办学，释放学校办学活力。在学校内部，需要进一步完善内部治理结构，让教师、学生、家长、社区、社会组织等参与学校层面、班级层面的教育治理，释放教师、学生和家长的活力，提升多元主体的积极性主动性创造性，提高教育决策的民主化科学化水平。

　　　　　　　　　　　（原文发表于《中国国情国力》2022 年第 9 期）

推进教育现代化：
如何从"表面"走向"本质"

推进教育现代化将是今后一段时期教育改革发展的主旋律。在此过程中，我们有必要理解教育现代化的本质，思考如何找到教育现代化的灵魂，如何评价教育现代化，并通过发展方式的转变实现教育现代化。

教育现代化的本质是教育现代性的增长

对于教育现代化，可以有如下三种概念界定：第一，教育现代化是基础教育、职业教育、高等教育、继续教育的现代化；第二，教育现代化是教育投入、教育过程、教育结果的现代化；第三，教育现代化是教育观念、教育内容、教育方法、教育管理、师资队伍、办学条件等的现代化。但我认为，这三种界定都没有触及教育现代化的本质，只是对于教育现代化"教育"外延的分解。

那么，教育现代化的本质是什么呢？从字面上看，"教育现代化"是指"转变成现代教育"，是指与教育形态变迁相伴的教育现代性不断增长和实现的过程。教育现代性是现代教育一些特征的集中反映，它体现了教育现代化过程中教育呈现出的一些新特点和新性质，如教育的民主性、理性化等，是现代教育区别于非现代教育的本质属性。以此观之，教育现代化的本质是教育现代性的增长。离开了教育的现代性，教育现代化就成为没有实质的空壳、没有内容的形式、没有灵魂的过程。

教育的现代性是通过教育形态表现出来的，但教育形态的变迁并不必然意味着教育现代性的增长。教育形态是指教育这一社会现象在不同时空背景下的存在状态和变化形式，主要指教育体系、教育内容与方法（课程与教学）、教育管理、教育资源等方面。教育形态是表象，教育现代性则表明这种形态的性质和本质。

以此回顾教育现代化的历程可以发现，部分地方的"教育现代化"其实是在用一种反现代的方式推进"教育现代化"。例如用粗暴强制的手段，去达到某一个指标的数值。在某些地方所谓"教育现代化"的过程中，我们看不到理性的设计，看不到利益相关者声音的表达与被倾听，看不到普通人群的自由和尊严，看不到公共资源的投入是否增进了受教育者的主体性，看不到受教育者的全面发展、个性发展、主动发展的状况的改进。

说到底，教育现代性是教育的某种"理想形态"，是价值合理性和工具合理性的融合。当我们把教育现代性的内涵界定为"教育的现代精神气质""现代教育的若干本质特征"时，一般不会产生争议。但是，当列举其具体特征时，五花八门、令人眼花缭乱的情况就出现了，如科学化、民主化、个性化、法治化、专业化、普及化、公平化、城乡一体化、优质化、终身化、信息化、开放性、多样化、生产性等，不一而足。但到底什么才是教育现代化最关键的特质？可能不是上面这些。我们办的教育是不是现代教育，关键看培养的人是不是现代人，看服务的社会是不是现代社会。

从这个角度看，教育现代性的内容框架是由人的现代性和社会的现代性所决定的。教育现代化存在的合理性与否，取决于它能否有效增进社会的现代化和人的现代化。

人的现代化是指人的现代性发生、发展的现实活动，包括人的价值观念、思想道德、知识结构、行为方式由传统性向现代性的转变，是由传统人向现代人的转变。传统人怯弱、畏缩、保守，是缺乏主体性的表现。而现代人的典型特征是具有主体性，集中表现为积极性、自主性、创造性。积极性意味着积极向上、自强不息、开拓进取、奋发有为；自主性意味着能够独立思考，有主见，不盲从；创造性意味着不墨守成规，充满创新意识，具有创新能力，并能通过创新性的行为改造世界——现代人的这些主体性有助于适应和促进现代社会的发展。曾有学者批判大学教育，说大学培养了一些"精致的利己主义者"，一些毕业生聪明但功利，与自己有利益关系的事情就孜孜以求、乐此不疲，与自己没有关系的事情就躲得远远的。这不是我们要培养的现代人，现代人应该有担当，有社会责任感，甘愿为他人、为建设现代社会而付出。学校教育只有把学生的主体性激发出来、为促进人的自由全面发展和理性发展而努力时，这种教育才能称得上"现代教育"，这种追求相应目标实现的过程才能称得上"教育现代化"。

同时，社会现代化既是教育现代化的重要目标，也是教育现代化的重要前提。在此之下又包含了几个维度：首先，为了发展现代经济，现代教育必须具有鲜明而强大的经济功能。清朝末年列强打入中国，我们抵抗不住，与教育是有关系的。那时候培养的人多是文科人才，简单地说就是会写毛笔字，会写八股文，但是造不出坚船利炮，所以必然失败。而军事实力又是与经济发展紧密联系在一起的。其次，为了建设现代政治，现代教育必须具有民主性，民主的教育和教育的民主是未来更好民主政治的基石。最后，为了满足人发展的多方面需要，为了满足复杂社会对于人才的多样化需要，为了促进现代文化的多样性，现代教育还必须具有多样性。文化的多样性像自然界的生物多样性一样可贵，差异性文化是社会文化与价值的活力之源，教育是保存、传承、延续和发展多样性文化的基本手段。现在有些学校搞特色，有些走偏，例如校长喜欢书法，全校学生都练书法；校长喜欢诗歌，全校学生都写诗。如果这所学校的孩子喜欢下国际象棋、弹钢琴、踢足球呢？他们就没有机会发展。所以，这不是孩子的特色，是校长的特色。一所学校哪怕再小，课外活动都应该是多种多样的，让每个孩子都可以选择，有选择才有自由发展，而自由是人的主体性的重要表现之一。

现代教育应该促进现代经济、现代政治、现代文化的发展。教育现代化应该在促进国家现代化的过程中，实现自身的社会价值。

如何以教育现代性为逻辑起点评价教育现代化

我们怎么评价一所学校的现代化？看学校的楼漂亮不漂亮，设备新不新？这些也重要，但不是最重要的。教育现代化评价的实质与核心是对于"教育现代性"的评价，就是看有没有现代教育精神。现在很多评价指标突出的共性问题是，不是严格根据教育现代化的本质要求，不是以教育现代性为逻辑起点确定的。有些指标甚至与教育现代性没有内在联系。

由于教育现代性是一种抽象的属性或特征，只能通过教育形态表现出来，所以，教育现代化评价的切入点是教育形态，是对于教育管理、教育体系、课程与教学、教育资源等的评价，此外再加上对教育结果、成果的评价。

但是，如何评价这些方面的现代性，也就是如何评价它们是否具有现代教育精神？

比如说教育成果类指标，关键应该评价培养的人有没有现代精神，是不是现代人。因此，学生的民主素养、科学素养、人文素养、法治素养等现代人的品质，应该成为衡量教育现代化的重要指标，但是现在不少学校尤其是中学往往只看分数，"以分数论英雄"，实际上是一种错误的质量观在作祟。

　　培养人的过程（教育教学和管理）和提供的支持也要反映现代精神。因此，这些方面应该评价：在教育教学过程中，是否做到了科学设计课程、尊重学生身心发展规律、师生关系民主平等、运用现代教学方法、促进学生自主发展；在教育行政管理和学校管理过程中，是否实现了科学管理、民主管理、依法管理、教育决策理性化与民主化；等等。

　　我们看两组教育现代化指标。第一组指标：公共教育经费占国内生产总值的比重，人均公共教育经费，留级生百分比，学前教育毛入学率，小学净入学率，中学净入学率，大学毛入学率，预期的接受正规教育年数，每 10 万居民中大学生数，成人识字率。第二组指标：学生具有科学精神和民主精神，学生得到全面发展与个性发展，学生可以自主发展，教育机会均等，师生关系民主平等，教育决策理性化、程序化，教育中的权力受到制约，教育中的权利受到尊重和保护，教师具有教学自主权，教育体系中有"立交桥"，把因材施教进行到底。

　　哪一组指标更能体现教育现代化的本质？应该是第二组。但我们设立的评价指标体系往往过于强调第一组指标而轻视甚至忽视第二组指标。所以，对于教育现代化指标的制定，我们不仅要看数字，还要看内在的本质和精神。

方式不转变，教育现代化不可能实现

　　教育发展方式是处于教育发展的理想目标与实际结果之间的中间环节。要实现理想目标，我们必须转变方式，方式不转变，目标不可能实现。实现教育现代化，同样如此。

　　当下，教育发展的现实结果存在突出问题：人的数量和质量问题。从数量来看，我国培养的人总量很大，全世界第一，但是结构存在问题。我们缺两类人才：一是"手特别巧"的人，即"技能型人才"；二是"心特别灵"的人，即"尖端人才"或者说"英才""拔尖创新人才"。根据 2008 年全国经济普查数据，汇总的法人单位中，生产工人和第一线服务人员总数为 1.7 亿人，具有中级及以上等级技术职称的技术工人只有 2285 万人，仅仅占 13.4%。这个比例严重偏低，不适应我国未来产业升级和产品质量提高的现代化经济和社会发展的需要。至于尖端人才的缺乏，"钱学森之问"一语道尽。

从质量维度看，学生片面发展严重，可持续发展能力不强。由于过度追求升学率，中小学生课业负担过重，身心健康受到严重损害，学生的学习能力、创新能力、实践能力不足，学生适应社会和就业创业能力不强，以分数为本的教育导致了人的异化而不是人的解放。北京某名牌大学 2011 年对全体在校学生做过一次体测，结果男生体质优秀率只有 0.05%！

教育现代化任重道远，必须促进教育发展方式的转变，使我国教育发展从主要依靠规模扩张、财力物力资源投入、时间投入（师生加班加点，牺牲身心健康）、强化考试技能（死记硬背，题海战术），转向主要依靠教育结构优化、培养方式改善、队伍素质提高、教育研究支持、管理方式创新的轨道上来，从而真正实现教育的健康发展。

教育结构战略性的调整，特别是职业教育和专业教育（专业学位）、英才教育的加强，是政府的责任，省级政府和中央政府需要加大统筹力度，优化教育体系结构，培养出数量足、结构好、质量高的各类人才，满足国家现代化建设的客观需要。

学生培养方式的改善主要从三个方面入手。第一，优化专业设置和课程体系，提高课程与培养目标的契合度，进一步解决课程知识繁难偏旧、空疏无用的问题。第二，转变教学方式和学习方式。第三，加强现代信息技术与课堂教学整合，以现代信息技术弥补传统教学的不足，以信息化促进课堂教学的现代化。

在教学方式和学习方式方面，我们曾经在发达地区做过一次调研。结果显示，孩子们最喜欢的学习方式，一是同学之间讨论学习（即合作学习），二是教师提问题自己找答案（即自主学习）。而上课时完全听教师讲授的学生比例平均不到15%，这说明85%以上的中小学生都不喜欢教师一言堂、满堂灌。而且，孩子们学习方式的喜好，城乡几乎没有差异，城乡学生都不喜欢满堂灌。

这提示我们，教师要改变教学方式，倡导启发式、探究式、讨论式、参与式教学，激发学生的好奇心，培养学生的兴趣爱好，营造独立思考、自由探索、勇于创新的良好环境，让学生学会发现学习、合作学习、自主学习。

转变教育教学方式不是抽象的问题。举个例子，作业形式能不能发生变化？在一项针对大城市小学的调研中，我们特地调查了教师是怎么布置作业的。结果显示，最多的作业是预习和复习，第二是做练习题和卷子，第三是查阅资料，第四是阅读图书，而动手操作、社会调查、专题研究所占比例很低。这还是在发达地区，如果是在教育落后地区，情况可能更不容乐观。小学阶段的这种作业形式与结构比例，对孩子自主成长、学会探究有很大的负面影响。

与转变教学方式紧密联系的，是提高教师队伍素质，其关键在于加强教育培训。通常的方式是教研。要增强校本教研的实效性，特别要加强学情分析。调研表明，在校本教研中，教师们对于教学过程、教材内容的研究比较多，但对于学生的学情分析却远远不够。我认为，只有把学生、把学情研究透彻了，教学方式的转变才能真正实现。

教育研究的支持非常重要。在国家层面，要制定教育研究的战略规划，对我国教育研究的现状、教育知识的存量和质量、国家发展和教育实践对于教育知识的需求等进行宏观战略分析，确定教育研究的战略目标与战略重点。要增加投入，进一步提高教育研究经费在政府教育支出中的比例，加大科研课题资助力度。通过教育知识的移植、创新和转化，尽快增加教育知识存量，缩小我国与发达国家的教育差距。同时，还要大力改进研究方法。

转变教育管理方式势在必行。转变学生培育模式、加强教育培训、加强教育研究的必要性早为人知，国家和地方层面也出台了很多文件，实践层面的改革也取得了一定成效，但整体进展缓慢。根本原因是什么？是没有建立起长效的动力机制，或者说没有建立起激励与约束机制。建立健全激励与约束机制，需要一定的制度安排，提供动力和压力，引导各相关主体着力转变学生培养模式、强化教育培训和教育研究等。因此，转变教育管理方式就成为转变教育发展方式的关键部分，具体到学校就是转变"学、教、训、研、管"五个方面。当然管理方式转变，不仅包括学校管理方式的转变，还包括政府管理方式的转变。

曾经出现过这样的真事：西部某市某区没有完成预定的在全市"保二争一"的"高考奋斗目标"，上线率降至全市第五。区委、区政府联合下发文件，对区教育局进行通报批评："责成区教育局逐级分析原因，追究责任，……要严格兑现奖罚，如明年高考位次再不能前移，将按照今年全区教育工作会议上确定的奖惩办法，对区教育局领导班子和相关学校的校长做出相应的组织处理。"文件还要求，要发扬"领导苦抓、教师苦教、学生苦学"的"三苦"精神，层层加强管理。在这样的管理方式下，孩子就变成应试机器了。教育现代化的本质是人的现代化，是培养现代人，而不是培养单面的"考试人"。在管理上，必须树立正确的政绩观和质量观。真正的教育现代化，一定是超越分数的，体现在管理方式的改变上，就是过去是为考而管，甚至为考而教而学，将来政府和学校要为孩子的全面发展与主动发展而管，而且必须上下一致，形成合力，共同促进教育又好又快发展，促进我国教育现代化健康发展。

（原文发表于《人民教育》2017 年第 2 期，收录时有改动）

《中国教育现代化 2035》的关键词与问题域

改革开放以来，党中央、国务院先后颁布的三个关于教育的纲领性文件，即《中共中央关于教育体制改革的决定》（1985 年）、《中国教育改革和发展纲要》（1993 年）、《国家中长期教育改革和发展规划纲要（2010—2020 年）》（2010 年），在不同历史时期有力指导和推动了教育改革发展。2019 年 2 月，中共中央、国务院颁布了第四个关于教育的纲领性文件《中国教育现代化 2035》，对未来 17 年我国教育改革发展予以总体战略安排，明确了教育现代化的目标与路径。学习贯彻该文件，是教育领域的首要任务。

然而，《中国教育现代化 2035》内容丰富，篇幅较长，文字量近 4 万字，要把握其关键内容，并不容易。本文力求化繁为简，以问题为中心、以目标为导向，用教育质量、教育公平、教育体系、教育制度这四个关键词，来概括该文件的核心内容以及该文件力图破解的重大现实问题。

"问题域"是指提问的范围、问题之间的内在关系和逻辑可能性空间。中国教育现代化所涉及的问题域主要包括四个关键词所指向的问题范围，这几个问题之间具有内在的逻辑联系。教育质量是核心问题，如同《中国教育现代化 2035》所指出的，"提高教育质量是教育现代化的核心要求"；教育公平问题的本质是教育质量问题，促进教育公平即缩小城乡间、区域间、学校间、群体间的"教育质量差距"；建构教育体系要体现优质公平的要求；而教育制度是为提高教育质量、促进教育公平、优化教育体系服务的。如果再深化细化，则每一个关键词所涉及的又都是一个相对独立的问题域，如"教育质量"问题域，内含培养目标、课程内容、教学方式、评价考试方式、教师素质等诸多问题，这些问题之间也具有内在的逻辑联系。

进入新时代，我国教育依然面临诸多挑战

新中国成立以来特别是改革开放以来，我国教育改革发展取得了举世瞩目的伟大成就，建成了世界上最大规模的教育体系，教育总体发展水平已进入世界中上行列，我国教育发展已经站在新的起点。进入新时代，我国教育依然面临诸多挑战。第一，从国际环境看。当今世界正处于大发展大变革大调整时期。中国积极推动构建人类命运共同体，推进"一带一路"建设，在国际合作中创造新机遇。国际形势要求提高我国教育的国际竞争力。第二，从国家发展看。进入新时代，我国将加快向创新型国家前列迈进的步伐，到本世纪中叶我国要建成富强民主文明和谐美丽的社会主义现代化强国。教育要为现代化强国建设奠定坚实基础，以教育现代化支撑国家现代化。第三，从人民群众需求看。进入新时代，中国社会主要矛盾发生了关系全局的历史性变化，国民财富将快速增长，中等收入群体比例明显提高，人民群众对教育的需求更为多样，我们必须顺应人民群众的期盼，加快发展更高质量、更加公平、更具个性的教育，促进社会公平正义与和谐进步。

面对挑战，我们必须正视诸多问题

总之，国际竞争、国家发展、人民群众需求都对我国教育提出

了严峻挑战。在迎接这些挑战之时，我们必须正视教育发展中的诸多问题。概括而言，这些问题就是"我国教育发展仍不平衡不充分，还不完全适应国家经济社会发展和人民群众日益增长的新要求新期盼"[1]。

具体而言，我国的教育问题主要表现在四个方面。第一，在教育质量方面，"科学的教育理念尚未牢固确立，素质教育尚未得到充分发展，思想品德教育有待进一步加强，教师队伍建设尚不能满足教育现代化需要"；第二，在教育公平方面，"区域、城乡之间教育发展尚存在明显差距，基本公共服务均等化水平有待提升"；第三，在教育体系方面，"农村义务教育、学前教育、职业教育仍是短板，有效服务全民终身学习的体系制度尚不健全；人才培养结构与社会需求契合度不够，教育支撑引领创新发展与服务国家对外开放大局的能力亟待提升"；第四，在教育制度方面，"政府为主、全社会共同投入教育的机制还不健全，教育治理能力现代化水平有待提高"。

加快推进教育现代化，需要从四大方面入手

加快推进教育现代化、建设教育强国，就需要坚持目标导向和问题导向，从上述四个方面着手，解决突出问题，推动我国教育不断朝着更高质量、更有效率、更加公平、更可持续的方向前进。

第一，提高教育质量。

我们需要什么样的教育质量？我们需要具有国际竞争力的教育质量、能有力支撑现代化强国建设的教育质量、能满足人民群众"上好学"需求的教育质量。而要提升教育质量，必须从培养目标、课程内容、教学方式、评价考试方式、教师素质几方面入手。

升级培养目标。培养目标是教育质量的具体表述与衡量标准。

---

[1] 引自《中国教育现代化2035》，本文后面的引文不再一一说明。

《中国教育现代化 2035》要求"全面落实立德树人根本任务"，"培养德智体美劳全面发展的社会主义建设者和接班人"。很长一段时间以来，不少区域和学校，片面追求升学率，导致"分数挂帅"，学生片面发展严重，因此，我们现在必须强调促进学生的"全面发展"。同时，我们还应该突出在 21 世纪应"重点发展"的素养，即 21 世纪核心素养，主要包括创新能力、批判性思维、公民素养、合作与交流能力、自我发展素养、信息素养等，这些是应对 21 世纪全球化、信息化、知识经济挑战的关键少数"高级素养"。只有加强这些素养的培养，才能提升中国学生的国际竞争力。因此，教育目标升级，强调高级素养即核心素养的培育，是我国加快教育现代化的关键之举。《中国教育现代化 2035》对此也提出了明确要求，"制定覆盖全学段、体现世界先进水平、符合不同层次和类型教育特点的教育质量标准，明确学生发展核心素养要求"，并多次强调培养合作能力、创新精神、创新能力、创新思维、创新创业能力等。

优化课程内容。首先，与培养目标精准对接，根据培养目标重点确定课程重点，与核心素养建立密切联系，"围绕学生发展加强核心素养培养，科学规划大中小学课程"，优化课程内容结构，做到"好吃有营养""营养配餐"。其次，课程内容要多样化与个性化，让学生有选择，满足学生兴趣爱好，促进学生个性发展，"针对学习者的个性化学习需求，……推进课程多样化"。

改进教学方式。改变满堂灌、死记硬背、题海战术等传统的教学方式，"深化教学改革，推行启发式、探究式、参与式、合作式等教学方式，以及走班制、选课制等教学组织模式，促进学生主动把学习、观察、实践同思考紧密结合起来，保护和激发学生的好奇心和学习兴趣，注重对学生创新精神和实践能力的培养"。

转变评价考试方式。建立健全科学的教育评价体系，扭转唯分数、唯升学的功利化倾向。把核心素养纳入评价与考试内容之中，不要把考试与素质教育对立起来，与核心素养培育对立起来，要研究和探索更科学适切的考评方法和形式。《加快推进教育现代化实施方案（2018—2022年）》明确要求"推动中高考命题从考知识向考能力转变"。

提高教师素质。首先，教师素质要符合"四有好老师"的要求，符合国家颁布的教师专业标准。其次，教师要具备21世纪核心素养，否则就很难培养出学生的核心素养，教育现代化、人的现代化就只能是空中楼阁。

第二，促进教育公平。

促进教育公平的主要政策目标是实现基本公共教育服务均等化。要建立健全基本公共教育资源均衡配置机制，逐步缩小区域、城乡、校际、群体差距，努力让全体人民享有更公平的教育。具体举措有四：提升义务教育均等化水平，推进随迁子女入学待遇同城化，实现困难群体帮扶精准化，办好针对残疾儿童少年的特殊教育。

促进教育公平，要求办好每一所学校、教好每一个学生。区域、城乡教育差距，都可以归结为校际差距。不同区域的或者同一区域的校际差距，主要不是硬件条件的差距，而是培养质量、课程内容（能否开足开齐课程）、教学方式、评价考试方式、教师素质的差距，因此，结合前文对于教育质量的论述，可以把促进教育公平理解为"缩小教育质量差距"。教育公平问题，本质上是教育质量问题。课程内容、教学方式、评价考试方式、教师素质都是影响教育质量的关键因素，其中，教师素质又最为关键。校际教育差距主要体现为教师素质的差距。因此，专业化教师队伍建设对于加快教育现代化至关重要。

第三，完善教育体系。

针对现实问题，要补齐农村义务教育、学前教育、职业教育短板，要加强继续教育以有效服务全民终身学习。教育体系是一个结构，完善教育体系要求提高人才培养结构与社会需求的契合度，使专业结构与产业结构更加匹配。

同时，要努力实现 2035 年"建成服务全民终身学习的现代教育体系"的目标，即"实现各级各类教育纵向衔接、横向沟通，基础教育、职业教育、高等教育和继续教育协调发展，学历教育和非学历教育、职前教育和职后教育、线上学习和线下学习相互融合，学校教育与社会教育、家庭教育密切配合、良性互动，形成网络化、数字化、个性化、终身化的教育体系。教育体系结构和人才培养结构更加合理。建成人人皆学、处处能学、时时可学的学习型社会"。

此外，为更好地服务于现代化强国建设特别是创新型国家建设，提升我国教育的国际竞争力，在我国的教育体系中还需要大力加强英才教育。《中国教育现代化 2035》要求"探索发现和培养具有特殊才能和潜质学生机制，为创新人才培养和成长提供更加有利的环境"。当前，我国的英才教育还非常稚弱，与我国的国际地位很不相称，与我国的现代化强国建设很不匹配，亟待通过立法与政策手段予以加强。

第四，健全教育制度。

提高教育质量、促进教育公平、完善教育体系，都需要制度保障，如教育质量评估监测制度、教育资源（人财物）公平分配制度，以及促进学前教育、农村义务教育、职业教育、继续教育有效发展的制度安排。

教育制度问题，本质上是教育管理问题，既涉及政府对于学校的行政管理，也涉及学校的内部管理。当前我国教育管理中存在的诸多问题的解决，要求教育治理的现代化，其内容包括多元共治、学校自治、政府元治、厉行法治。多元共治要求"推动社会参与教育治理常态化"，学校自治要求"提高学校自主管理能力"，政府元治要求"加大政府教育统筹力度"，厉行法治要求"提高教育法治化水平"。推进教育治理现代化，政府是关键，政府要转变职能，简政放权，给学校更多的办学自主权，释放学校的活力。

在学校内部管理中，需要"二次分权"，把政府下放给学校的权力进一步下放给教师、学生、家长等主体，完善内部治理结构，实行分权共治，推进学校管理的科学化、民主化、法治化。

总之，我们可以从教育质量、教育公平、教育体系、教育制度这四个方面，认识和推进中国教育现代化。

（原文发表于《中小学管理》2019 年第 4 期，收录时有改动）

穿越百年　杜威归来

2019 年是美国哲学家、教育家约翰·杜威（John Dewey，1859—1952）来华讲学一百周年。美国芝加哥大学实验学校于 2019 年 5 月 2 日到 4 日举办了有 300 余名中美教育专家参加的座谈会；我国学术界及教育界也举办了多场学术研讨会与纪念活动，研究杜威的论文数量明显增加，有的期刊还开设了专栏。这些活动都表达了同样的意愿：向杜威致敬。杜威穿越百年再度"归来"。归来有意义吗？致敬有价值吗？套用实用主义的经典问句：杜威及其理论对于今天我国的社会与教育"有用"吗？

一百年来，来华讲学的外国学者不可胜数，为什么单单杜威被如此追忆？

1988—1994 年，我在北京师范大学攻读硕士和博士学位，硕士学位论文、博士学位论文所写的都是杜威，硕士学位论文研究的是杜威的教育目的，博士学位论文研究的是其整个教育理论。此后的教育研究与实践中，受杜威的影响颇多。因此我愿意结合自己的研究和体会，谈谈杜威为什么会被如此追忆。

一是杜威来华时间长、影响大。1919 年 4 月 30 日，在中国的五四运动前夕，杜威抵达中国上海，开启了他的中国学术之旅。访问过程中，原计划只有几周的行程被延长到两年多，这期间杜威访问了中国十余个省，做了两百余场演讲。他极力倡导民主与科学，与五四精神之"德先生"与"赛先生"不谋而合，产生了极大的社会影响。他的实用主义哲学思想与教育思想被广为传播形成风潮。论及西方教育家对中国教育的影响，杜威首屈一指，无人能及。当然，两年多的中国之行也改变了杜威，2019 年初，美国学者罗尔斯顿发表的题为《杜威在华经验考述（1919—1921）：中国是如何改变杜威的？》的论文［《华东师范大学学报（教育科学版）》2019 年第 2 期］就讨论了这个问题。

二是杜威与中国最著名的两个教育家颇有关联。在中国，如果推举一个古代的教育家，那么"至圣先师"孔子没有任何争议；如果推举一个近现代的教育家，那么"人民教育家"陶行知也不会有争议。

我们先说杜威与孔子。把杜威与孔子放在一起，很多人会感到诧异。实际上，中外都有学者对二人进行比较研究。在我国，最早把杜威和孔子相提并论的是蔡元培先生，蔡先生在 1919 年就曾以《孔子与杜威》为题发表演讲。与杜威同时代的哲学家怀特海曾说过："要想了解孔子，去读杜威；要想了解杜威，去读孔子。"诸多中外学者把杜威与孔子进行比较研究不是偶然的。我认为，其根本原因在于二人的思想底色是一致的。孔子讲求实际非常务实，杜威反对玄学追求实效，二人的思想都具有很强的世俗性，强调入世有为，无宗教色彩。杜威的思想与中国文化传统契合度很高，这可能是杜威容易被国人接受的原因之一。

再说陶行知与杜威。陶行知曾于美国哥伦比亚大学师范学院攻读教育学博士学位，是杜威的学生，其生活教育理论源于杜威。杜威提出"教育即生活""学校即社会""做中学"等一系列观点，陶行知结合中国国情将杜威的理论"翻了半个筋斗"，提出了"生活即教育""社会即学校""教学做合一"等观点。除陶行知外，胡适、陈鹤琴、蒋梦麟等也都是杜威的学生。这几位都是对于中国现当代思想界和教育界有很大影响的人物，在他们的推动下，杜威的影响进一步扩大。

三是杜威的思想对于当前我国的教育改革具有强烈的现实意义。这是杜威归来的最重要价值，也是我们现在向杜威致敬的最主要原因。这种看法，符合杜威本人对于"理论是否有价值"的判定标准，这也算是用杜威的方式向杜威致敬。杜威理论产生于19世纪末，当时美国刚刚完成工业化革命，从一个发展中国家一跃而成为世界第一经济大国。工业化的完成，引起了社会结构的重大调整和社会面貌的深刻变化，带来了物质财富的巨大增长，但也带来了一系列社会问题。这些问题可以大致归结为两大方面：一是整个社会的物质财富大大增加，但是贫富分化更为严重；二是精神文化没有与物质财富同步前进，物质财富的增长反而带来了精神文化的衰落。这些问题与我国改革开放以来出现的问题极其相似。杜威反对无节制的旧个人主义，认为少数在经济竞争中成功的人凌驾于大多数人之上、少数人的个人自由侵害了大多数人的个人自由是不合理的。杜威要求以新个人主义取代旧个人主义，强调人与人之间应合作而不是无情地竞争，强调人的社会责任，要求动用国家力量来遏制资本的冷酷扩张。这些思想对正处于社会转型期的当下中国而言，很有现实意义。

建设现代化强国、推进教育现代化，这是当前我国的主流话语，杜威的理论对我们的社会现代化、教育现代化都有启示。现代化是一个历史过程，现代化的本质是现代性即现代精神不断增长和实现的过程。民主与科学是现代精神的集中反映。而杜威理论中有两个关键词，恰恰就是民主与科学。当一个社会更为理性、更加民主时，就意味着其现代化程度更高。改革开放以来，尽管我国的国民素质有了较大提高，但许多民众的思想与行为仍然表现出传统人的一些特征，诸如遵从盲从权威，轻视民主与法治，看重等级；关心私利有余而关心公益不足，公民意识淡漠；相信外在的、神秘的力量，相信神鬼，不相信科学理性的力量等，完成人的现代化的任务依然艰巨。

杜威倡导科学理性精神，这鲜明体现在他对科学方法即反省思维的推崇上。与科学知识相比，杜威更为强调的是科学方法的价值。他视科学思维的方法为革除社会弊端、实现社会理想的最重要手段。杜威还将科学思维的方法与民主联系起来，认为科学思维的方法反对因循守旧，反对任何外部的权威，强调创造和验证，与民主主义是相通的。科学方法在杜威的整个理论中居于核心地位。而教育恰是使人掌握这种方法的最重要手段，正是在此意义上，杜威宣告，科学、教育和民主的目标合而为一。我们可以把这句话进一步解读为：培养具有科学精神和民主精神的现代人，推进人的现代化，是教育促进社会现代化的最佳手段。

对于教育工作者而言，我们更加关注杜威理论对于我国教育改革、教育现代化的意义。杜威教育理论内容宏富，此处仅以他关于教学方法的理论为例予以说明。

杜威猛烈批判传统的教学方法。他认为，传统的教学方法是一种沿袭甚久、积弊甚深的教学方法，教学活动是在教室这个专门设定的场所里进行的，教师站在讲台上向学生灌输既与生活无涉也不契合儿童理解力的系统性很强、逻辑性很强的教科书，儿童则坐在固定的位置上，静听和记诵教科书，这是一种典型的以教师、教材、教室为中心的教学方法，学生、学生的活动、教室以外的世界是没有什么地位的。传统教学方法的目的在于使儿童获取知识，但由于这种知识脱离生活、不合儿童兴趣，儿童虽能背诵它记住它来应付提问、考试和升学，但却不能真正喜爱和掌握它。儿童处于消极的、被动的地位，兴趣、爱好受到剥夺和压制，能力发展与主动性受到压抑和束缚，整个教育、整个学校没有多少生机和活力。杜威所要做的变革就是变教师讲授、学生静听的教学方式，为师生共同活动、共同经历的教学方式，书本被降到次要的地位，活动升至主要的地位，教学也不再局限于教室之内。

杜威强调思维的价值，将思维五步法直接运用到教学方法上，认为教学法的要素和思维的要素是相同的。这些要素包括以下方面：第一，学生要有一个真实的经验的情境——要有一个对活动本身感兴趣的连续的活动；第二，在这个情境内部产生一个真实的问题，作为思维的刺激物；第三，他要占有知识资料，要进行必要的观察，来应对这个问题；第四，他必须将所想出的解决问题的办法有条不紊地呈现出来；第五，他有必要也必须有机会通过实际应用来检验他的观念，使这个观念意义明确，并且让他自己去发现它们是否有效。传统教育的弊端不在于运用知识去发展思维，而在于将知识本身视为目的，学生的目标就是堆积知识，以便在课堂提问和考试时照搬，这种静止的、冷藏库式的知识阻碍了思维能力的发展。

杜威提出的教学方法论所体现的不仅仅是教学方法的变革，也不仅仅是教学论的变革，而是整个教育观念的变革。正是这种新的教学方法揭示了杜威教育理论与传统教育理论的根本区别。这种区别即是以获取知识为目的还是以培养智慧为目的。他提出，知识与智慧的区分，是多年来存在的老问题，但仍需要不断地提出来。知识仅仅是已经获得并储存起来的学问，而智慧则是运用学问去指导改善生活的各种能力。杜威要培养的是人的智慧，即明智地行为、行动的能力，解决实际问题的能力。传统教育以知识为目的并以知识扼杀智慧，杜威则以智慧为目的并以知识来增进智慧。杜威是从更根本的意义上论述教育的。

行文至此，我们蓦然发现，杜威原来是批判性思维的鼻祖、"基于问题的学习"或项目学习的先驱，综合实践活动、研学旅行等也从他那里找到了源头。这些都是现在的热词，也是当前教育改革的热点。

杜威教育理论中的好东西很多，远不止上面所讲的那么一点点。杜威是一个思想大家，他熔欧美思想于一炉，具有深厚的哲学、心理学、社会学功底，这就使其教育思想既具有他人难以企及的理论深度，又具有他人难以企及的宽广视野。杜威还集欧美教育思想之大成，对欧美的教育思想史进行了系统、细致、深入的梳理，充分借鉴吸收了人类千百年来积淀下来的教育智慧，这使得杜威的教育思想博大而精深，用前无古人后无来者形容并不过分。

21 世纪的中国有其独特国情，杜威的教育理论对于今日中国之教育，绝非灵丹妙药，但会有丰富启示，会让我们更加务实、更为深刻。

杜威的著作值得实践工作者一读。但是他的著作很多，实践工作者不可能也没必要都读，其中有两本最值得深读细读，一是《民主主义与教育》，二是《我们怎样思维》。二者都有中译本。读后你可能会感觉到，杜威的思想穿透了历史，穿越百年来到了现在，对我们具有重要的启发意义，并且依然具有蓬勃的青春活力。

（原文发表于《中小学管理》2019 年第 12 期）

第 二 编

基础教育如何健康优质发展

　　基础教育要实现健康发展，需要处理好"多与少""近与远""苦与乐"三对关系。即知识学得多与素养获得少，重眼前利益与轻长远发展，刻苦、痛苦多与快乐、兴趣少这三对关系。

要重视基础教育的基础地位

基础不牢，地动山摇。全社会对基础教育的基础地位必须有充分认识，并不断夯实这种认识。基础教育的基础作用有三：为国家发展奠定基础、为学生发展奠定基础、为教育发展奠定基础。发展必须有明确的方向，这个方向就是现代化。基础教育要为国家现代化、人的现代化、教育现代化奠定坚实基础。

国家是基础教育的管理者和主要举办者，毫无疑问会把基础教育作为实现国家目标的重要手段。面向未来，我国的战略目标就是建成富强民主文明和谐美丽的社会主义现代化强国。国家现代化给基础教育提出了更高的要求，要求所培养的人的素质与国家现代化的五个维度相呼应、相对应。

富强，意味着把我国建成经济、科技、军事强国，意味着工业、农业、国防和科学技术的现代化，要求国民具有较强的创新能力、思维能力与科学理性精神；民主，意味着把我国建成民主、法治国家，意味着政治现代化，要求国民具有民主法治精神；文明、和谐，意味着把我国建成礼仪之邦、和谐社会，意味着社会与文化的现代化，要求国民具有人文素养与合作能力；美丽，意味着把我国建成美丽中国，意味着环境的现代化与国民形象的现代化，要求国民尊重世界、敬畏自然。此外，国家现代化还需要统筹国际国内两个大局。就国际大局而言，我国既要应对国际竞争，又要加强国际合作。提升国际竞争力，关键是提升国民创新能力；加强国际合作，关键是提升交流与合作能力。基础教育要为国家发展、国家现代化奠基，就要紧扣国家现代化的五个维度，培养学生形成相对应的素养。

国家现代化需要人的现代化作支撑。人的发展、人的现代化有助于推进国家现代化，体现了人的工具价值，但是人的发展、人的现代化本身更具有内在价值。从本质上讲，国家发展、社会发展是为人服务的，是为人的自由与解放服务的，是为人过上"美好生活"服务的，这是人民至上发展理念的要求。基础教育不只是为国家积累人力资本，更要让儿童享受其基本人权。

基础教育为人的发展、人的现代化奠基，就是要为人的一生负责。只会考试的孩子，是片面发展的，将来难以有均衡、美好的一生，因此要促进学生的全面发展。但是，基础教育阶段师生的时间和精力都是有限的，我们在强调促进学生全面发展的同时，还应该进一步突出重点，即找出哪些素养在21世纪的今天最为关键与重要，然后予以重点培养。这些关键素养是21世纪核心素养，主要包括创新能力、批判性思维（审辩式思维）、公民素养、交流与合作能力、自主发展能力、信息素养等，也是学生一辈子都需要的素养。这些素养集中体现了鲜明的现代精神，体现了人的现代化、国民性改造的基本要求。这些素养能展示现代人的魅力风采、焕发学生的生命活力、弘扬学生的积极性主动性创造性，让学生一生幸福与美好。基础教育为人的一生奠基，其重要价值莫过于此！

基础教育为教育发展、教育现代化奠基，是指基础教育要为我国整个教育体系奠基。基础教育发展得好、现代化水平高，就可以有力促进其他类型教育的发展。

好的基础教育、现代化的基础教育，必须是优质与公平并重的教育，即面向人人的优质教育。只有这样的基础教育，才能为我国整体教育的发展与现代化奠定坚实基础，才能为国家长远发展、人的终身发展奠定坚实基础。

（原文发表于《中国基础教育》2022 年第 9 期）

改造我们的教育

我国教育发展到今天，成就显著，但也弊端多多，有些方面积弊甚大。我们的教育需要更加彻底、更为系统的改造。

教育之所以需要彻底、系统的改造，一是因为社会变了，21世纪是知识经济、全球化和信息化的时代，经济形态发生根本变化，国际竞争空前加剧，科技创新日益重要，国家发展面临空前压力。二是因为人变了，首先是公众的期望值变了，国人解决了温饱问题后，渴望受到更好的教育，对于优质公平的教育有更高的期待；其次是学生变了，现在的学生自主意识更强，价值追求更加多样，个性特点更加鲜明，对于个性发展、自主发展在内心深处有更加强烈的渴望，这是中国历史上从未有过的新变化。

尽管我们的教育在不断改革，但是，总体而言，教育对于21世纪的社会变革和学生特点的变化，反应迟钝，回应不够，未能较好适应社会发展与人的发展的客观要求。面对激烈的国际竞争，中国教育处在历史的转折点上，中国教育到了最危险的时候！这绝非危言耸听。当前，中国教育的改造需求如此迫切，丝毫不亚于清朝末年，面临的也是"三千年未有之大变局"。

改什么？过去我们改的不是太少，而是太多。有些改革，只是"改变"和折腾，没有"改进"和"改善"。我们不能为改变而改变，更不能盲改瞎改。教育的改造，必须更好地服务于社会发展和人的发展，必须抓住主要矛盾和矛盾的主要方面。

当前，教育的改造要点主要包括以下三个方面。

第一，教育目标要改。

我们必须站在国家和学生的根本利益、长远利益的视角，去反思和重构我们的培养目标，明确解决"培养什么人"的问题，此为教育改造最关键的问题。我国提出素质教育、综合素质、三维目标等教育目标，这些无疑是非常正确的，但也存在面面俱到、重点不清之弊。我们当前的教育目标必须更加聚焦，必须找到重点领域，找到能促进个人发展、国家发展、社会进步、国家竞争力提升的最重要的素养，即关键素养或者"核心素养"。笔者认为，这些关键素养包括创新能力、批判性思维、合作与交流能力、信息素养、自我管理能力等，是 21 世纪现代人的主要特征，是建设现代国家的国民素质基础。我国教育必须实现"工作重心的转移"，由重视培养"考试技能"转移到重视培育"核心素养"特别是创新能力。否则，不仅我们的教育处于危险之中，我们的国家在激烈的国际竞争中也会遭遇危险。

第二，教育过程要改。

教育目标的变化必然要求教育过程的改造。教育过程包括教、学、考、评、管等实践活动的过程。教育过程的改造，关键是转变教育发展方式，具体而言包括以下三个方面。（1）转变教学方式和学习方式。教学内容需要根据培育核心素养的要求进行"瘦身"。要营造独立思考、自由探索、勇于创新的良好环境，倡导启发式、探究式、讨论式、参与式教学，激发学生的好奇心，培养学生的兴趣爱好，让学生学会发现学习、合作学习、自主学习，要特别关注信息技术对于学与教方式转变的重要作用。（2）转变考试方式和评价方式。我们要改变考试、评价的内容和方法，使考试、评价发挥正确的导向作用和"倒逼效应"，指引和倒逼学生学的方式、教师教的方式的转变，服务于学生核心素养的培育。（3）转变管理方式。政府管理学校的方式和学校内部的管理方式都需要转变。重点解决决策不够科学理性、政府对学校管得过多过细、学校自主权不够、师生和家长参与学校管理不足等问题，促进科学管理、民主管理、依法管理，其中，最为紧要的是民主管理。只有通过民主管理，才能解决目前教育中的活力不足问题，才能带来自由宽松的氛围，释放学校、教师、学生的潜力，激发其积极性、自主性和创造性。

第三，教育保障要改。

教育保障包括人、财、物等方面。当前我国的教育优先发展战略还没有完全落实到位，这一点集中体现在教师问题上。从全国范围看，教师的数量、结构、质量等方面都存在问题，尤其是教师数量不足、代课教师数量巨大，成为影响教育发展的严重问题。面向未来，我们需要调整教师人事政策，重点是提高教师经济待遇和社会地位，吸引更多的优秀人才从教，这是我国教育转型升级发展的固本强基之策。从学校层面看，重点要提高在职教师的职业道德水准和教育教学能力。

教育的改造难不难？也难也不难。只要我们有信心、有决心、有恒心，咬定青山不放松，坚持不懈，久久为功，教育的明天肯定会更好。

（原文发表于《中小学管理》2016年第7期）

中国基础教育现代化的六个关键问题

2018 年 9 月全国教育大会召开后，加快推进教育现代化、建设教育强国，成为我国教育改革与发展的主旋律。基础教育是整个教育体系的基础，基础教育的现代化对于其他各级各类教育的现代化、对于建设教育强国发挥着先导性和基础性作用。因此，我们需要以更高远的历史站位、更宽广的国际视野、更深邃的战略眼光，对加快推进基础教育的现代化进行系统思维、整体设计，使基础教育现代化更好地适应国家现代化和人的现代化的需要。

"教育现代化"从词义上看，就是"转变成为现代教育"，"化"就是一个转变的过程，就是教育现代性不断增长和实现的历史过程。[1] 现代性就是现代精神，是对现代教育一些典型特征的集中概括，如教育的人道性、理性化、民主性、法治性等，是现代教育区别于非现代教育的本质属性。"现代精神"是教育现代化的灵魂与本质，教育的"外部形态"如课程内容、教学方式、管理机制等始终在变化，但是，"变化"不等于"现代化"，如果没有教育现代化的"内在本质"即现代精神的增长、积淀，那么教育现代化

---

① 褚宏启. 教育现代化的路径：现代教育导论 [M]. 3 版. 北京：教育科学出版社，2021：89.

就是"伪现代化"。

改革开放 40 年来，我国基础教育取得了历史性成就，但面临21 世纪社会发展与国际竞争的挑战，依然存在一些关键问题需要解决。这些关键问题，主要表现在基础教育的培养目标、教育体系、课程内容、教学方式、管理体制机制、教师队伍等方面，这些问题都属于战略性问题，对于能否把我国建成"教育强国"进而建成富强民主文明和谐美丽的社会主义"现代化强国"具有根本性影响。基础教育的现代化就是基础教育的上述各个维度的现代化，实质上是各个维度的"现代性"不断增长和实现的过程，即"现代精神"不断增强的过程。只有这些方面实现现代化了，教育才能真正变强，教育强国建设才有可能，现代化强国建设才有基础。

基础教育目标现代化的关键是教育目标"升级换代"

当前，基础教育的培养目标存在的突出问题是，许多地区和学校的"实际目标"以培养学生的"应试能力"为核心，导致学生缺乏国际竞争力，因此其实际教育目标要"升级换代"。

教育只是一种手段，教育现代化是为国家现代化和人的现代化服务的。我国的国家发展目标是建成富强民主文明和谐美丽的社会主义现代化强国，包括基础教育在内的各级各类教育，不仅是民生，也是国计，要为现代化强国建设、为中华民族伟大复兴做出重要贡献。

现代化强国建设要求培养"现代人"。教育以育人为本，教育服务于国家现代化也要通过育人、通过人的现代化来实现。基础教育只有培养具有现代精神的现代人，即具有科学理性精神、民主法治精神、开放创新精神的人，才能有效服务于现代化强国建设和中华民族伟大复兴。

现代化强国建设要求培养"21 世纪的现代人"。人的现代化应该与时俱进，适应 21 世纪知识经济、全球化、信息化等对于人的素质的挑战。21 世纪的现代人要具备 21 世纪"核心素养"。自 20 世纪 90 年代末开始，许多国际组织和国家纷纷颁布核心素养框架与清单，实质上，这是世界范围内教育目标的"升级换代运动"，是国际经济竞争、军事竞争在教育领域的集中反映。我国作为一个发展中国家，与发达国家相比，教育目标升级的任务更为迫切。

为了给片面发展纠偏，我们提出全面发展，但是，只是"笼统"地提出全面发展是不够的，泛泛而谈于事无补，所以我们的培养目标应该进一步聚焦，应该与时代要求呼应，应该有重点。国际上提出"核心素养"不是为了解决"全面发展什么"的问题，而是为了解决迎接 21 世纪的挑战应该"重点发展什么"的问题。我们认为，21 世纪的中国基础教育现代化应该重点促进创新能力、批判性思维、公民素养、合作与交流能力、自主发展能力、信息素养等核心素养的培育。只有如此，我国的教育才能有国际竞争力。现代化强国建设要求把培养目标进一步聚焦到创新能力的培养上。只有创新，才能强国。21 世纪是知识经济的时代。知识经济本质上是创新经济。当前，许多地区和学校所孜孜以求的是培养"会考试的人"，而不是"会创新的人"。我国的基础教育需要实现工作重心的转移，需要由"分数挂帅"转向"创新为王"。

而要把培养 21 世纪现代人尤其是创新能力的目标落到实处，就必须改革教育评价考试制度，发挥"指挥棒"的导向作用，实现教育目标的升级换代。我们要扭转不科学的教育评价导向，坚决克服基础教育中存在的唯分数、唯升学的顽瘴痼疾，从根本上解决教育评价指挥棒问题。

基础教育体系现代化的关键是补上英才教育短板

创新人才数量不足质量不高，是制约我国走向现代化强国的关键要素。我国对于创新人才有强烈需求，创新人才除可以从全球引进外，更为重要的是自己培养。在同龄学生群体中，有极少数学生属于英才儿童，他们具有良好的先天禀赋。如果有特殊的教育干预措施，能让他们的良好禀赋获得更长足的发展，就能真正造就一批更高水平的创新人才尤其是科技创新人才。这就需要我们开展公平而有质量的英才教育，完善英才教育体系，大力培养英才儿童的创新能力。

英才教育是指针对英才儿童的教育，英才教育的目标不是培养会考试的人，而是培养创新能力强的优秀人才。英才教育具有国家战略意义，现代化强国建设需要大力发展英才教育。进入知识经济时代，英才教育与国家发展之间的联系被空前强化，各国均希图通过英才教育提升国际竞争力。[1] 但英才教育却是我国教育体系中的"软肋"，与许多发达国家相比，我国的英才教育极其落后，亟待加强。在英才教育方面，美国在全世界做得最好，韩国在亚洲做得最好，我国大陆地区远远滞后于美韩。

英才教育必须从娃娃抓起，从基础教育抓起。我国的拔尖创新人才培养，重心偏高，往往是到了大学阶段才开始重视，实际上已经太晚了，经过 12 年的中小学应试训练，许多英才儿童的思维已经固化了，思想已经僵化了。所以笔者以为，英才教育应该从幼儿园就开始实施，如英国英才教育覆盖的年龄范围是 4—19 岁，韩国英才教育的重心是小学和初中阶段，而不是高中与大学阶段。

我国需要制定有关英才教育的政策并进行相关立法，通过政策与立法手段大力推进英才教育。从教育类别与教育对象看，基础教育涉及城镇教育、农村教育、民族教育、特殊教育等，涉及留守儿童、随迁子女、残障儿童等特殊群体，对于这些，我们关注很多甚

---

① 褚宏启. 追求卓越：英才教育与国家发展：突破我国英才教育的认识误区与政策障碍 [J]. 教育研究，2012（11）：28-35，67.

至越来越多，但是对于英才教育和英才儿童，我们关注太少。我国有规模最大的英才儿童群体，这是现代化强国建设的战略资源，需要我们认真对待。

英才教育是因材施教的一种形式，并不违反教育公平政策。英才教育并不是简单的"把神童单独编班"进行教学，而是有充实模式和加速模式等多种教育教学模式。如何运用合适的模式，让英才儿童能获得有针对性的教学支持，以充分发展其潜能，更好地为国家现代化发展服务，是我们需要探讨的重要而关键的命题。

基础教育课程内容现代化的关键是"优化结构"

"课程"的英文词来源于拉丁语，原意为"跑道"。跑道要跑向哪里？要跑向正确的目标。课程是用来落实培养目标的，课程是培养目标的细化与延伸。我们不能让学生空跑、瞎跑，不能跑偏了，更不能跑反了。

当前基础教育课程内容存在三个突出问题。一是课程建设中，内容繁难偏旧、空疏无用，与 21 世纪的时代要求不相吻合，与学生发展核心素养不能精准对接。二是课程实施中，课程内容被人为窄化，尤其在中学课程实施中，往往为考而教、为考而学，考什么就教什么就学什么，做不到开齐开足课程。三是课程实施中，不能满足学生的兴趣爱好，不能较好地促进学生的个性发展。

因此，基础教育课程内容的现代化，需要根据 21 世纪现代社会发展的需求，根据 21 世纪人的发展的素质要求，尤其是根据升级后的教育目标要求，优化课程内容结构，提高课程内容与培养目标的契合度，使课程重点与目标重点相匹配，解决课程内容繁杂但是重点不突出、与核心素养关联不密切的问题。

在此过程中，我们要考虑到学生学习时间有限，课程内容不能过多，要突出重点；但是课程内容也不能过窄，只是为考试而教而学，导致千人一面与营养不良。课程内容是学生的精神食粮，必须"又有营养又好吃"。"有营养"是指课程内容是"干货"而不是"水货"，利于学生核心素养发展；"好吃"是指"味道好"，编排设计和文字表达方式等应该符合未成年人心理特点，为学生所喜闻乐见，这也是现代精神中的人道精神在课程教材建设中的具体体现。

课程内容的现代化还包括课程内容的多样化与个性化。广义的课程包括学校提供的一切教育活动，包括正式课程、课外活动、兴趣小组、社团活动等。这些教育活动应该是多样化的，可以让学生理性选择，以满足其兴趣爱好，促进个性发展。

基础教育教学方式现代化的关键是推进"教学民主"

传统教育教学中，教学方式相对单一、陈旧，学生课业负担很重，学生成为接纳知识的容器，处于被动状态，学生的积极性主动性创造性受到压抑。这种教学方式难以培养出学生的核心素养，尤其难以培养出学生的创新能力，与服务现代化强国建设是背道而驰的。

强大的国家与强大的课堂有内在联系。什么是强大的课堂？强大的课堂是能调动起学生主体性的课堂，是具有正确目标的课堂（不是只为考试，而是为了培养21世纪的现代人）。调动学生的积极性主动性创造性，必须发扬"教学民主"，运用启发式、探究式、讨论式、参与式等现代教学方式，营造安全、自由、宽松的课堂氛围，激发其好奇心，培养其兴趣爱好，让学生能够独立思考、自由探索、积极创新。在课堂上，教师不能搞教学专制，过于强调形式上的课堂纪律，用标准答案束缚学生头脑，用考试和考分钳制学生行动，这样的课堂貌似强大，实则虚弱脆弱得很，学生的潜力被压制，就会缺乏国际竞争力。

教学方式的现代化，还需要信息技术的支撑。信息技术需要与课堂教学深度整合，以教育信息化推进课堂教学的变革，改变以语音和符号刺激为主要信息传递方式的教学，实现图像、语音和符号多种方法综合传递，并通过网络技术手段更好地实现个性化教学，更好地因材施教，促进学生个性发展。信息技术手段的使用不要过度，要谨防由"人灌"变成"电灌"。

基础教育管理现代化的关键，是推进科学管理、民主管理和依法管理

教育管理的现代化包括教育管理的科学化、民主化、法治化三个方面。科学化即理性化，亦即合理化，要求教育管理尤其是教育决策要基于数据和证据，不能有随意性和情绪化。管理科学化最为关键的是，对于社会发展、人的发展、教育发展以及三者之间的关系有正确的认识，树立正确的质量观、人才观、教育观，让教育在正确的目标指引下健康发展。

民主化要求广泛的民主参与，反对专断武断，尊重学校、教师、学生、家长等的知情权、决策权和监督权，尊重民情民意，倡导积极汲取民智。教育管理民主化是教育管理科学化的保障，发扬民主有利于提高管理的合理化水平。

法治化反对人治，法治化为科学化和民主化提供制度基础。

推进教育管理现代化，科学化、民主化、法治化的水平都需要提高。三者中最为关键的是教育管理的民主化。我国教育管理中存在的突出问题是：政府管得过多过细，学校缺少办学自主权，办学活力不足，利益相关者参与管理不够等。要解决这些问题，必须转变教育管理方式，推进教育管理民主化。而推进教育管理民主化，最为急迫的是政府简政放权。政府放权是政府管理民主化的体现。政府向学校放权，学校向教师、学生、家长分权。

政府向学校放权，就是让学校摆脱对政府的依附性，逐步形成自主管理、自主发展的机制，改进政府与学校的关系，凸显学校的主体性，增进学校办学的专业性，更好地促进学生发展。在学校内部，学校要"二次分权"，把政府下放给学校的权力进一步下放给教师、学生、家长等主体，完善内部治理结构，让教师、学生、家长的积极性和创造性充分释放出来，最后使我们的课堂和校园充满活力。

基础教育教师队伍现代化的关键是加快教师"专业化"进程

教师强，则教育强。打造一支质量优良、数量充足的教师队伍，是推进教育现代化、建设教育强国的人力资源基础。而我国基础教育阶段教师队伍建设存在两大突出问题：一是质量不高，二是数量不足。

提高教师质量，提升教师专业化素养，首先要明确教师的素养目标。笔者在此仅强调三点：其一，教师素质要符合"四有好老师"的要求，符合国家颁布的教师专业标准；其二，教师要具备现代精神，是具有现代精神的现代人；其三，教师要具备21世纪核心素养。如果教师不具备现代精神和21世纪核心素养，那么就培养不出具有现代精神的学生，就培养不出学生的核心素养，教育现代化、人的现代化就只能是空中楼阁。

按照上述标准，当前我国教师队伍的整体素质距此还有不小差距。提升教师队伍素质，主要途径有二：一是通过加强职前培养和职后培训，直接提升教师素质；二是通过完善人事制度如教师准入制度、评价制度、薪酬制度、退出机制等间接促进教师队伍素质提升。

与教师质量不高相比，教师数量不足是一个更为紧迫的重大问题。可以说，教师短缺是当前最严重的教育危机。教师缺编与短缺主要表现为：区域层面教师总量缺编、城镇尤其是县城教师缺编、农村教师结构性缺编、农村小规模学校教师数量不足、非教学人员"占编"或者教学人员"在编不在岗"导致一线教师不足等。教师数量不足，必然导致基本的教学工作难以为继，严重影响了教育秩序，带来直接的教育危机。为解决无人上课问题，不少学校只能招聘临时代课教师以应急需。这些人员待遇低下、流动性强，其职业素养、社会保障、专业发展都令人担忧。对此，笔者以为可以从以下三方面着手解决。首先，以学校为单位而不是以区域（市县区）为单位"精准核定"教师编制。其次，实行城乡"新双轨制"教师编制标准，解决农村教师短缺问题。最后，增加教师编制弹性，解决一线教师紧缺问题。① 教师短缺问题，只靠教育行政部门是解决不了的，需要联合人事、财政等行政部门协同解决。没有数量足够的教师队伍，教学秩序难以保障，基础教育现代化根本无从谈起。当前我国的基础教育现代化，首先应该从解决教师数量短缺问题做起。解决这个问题，刻不容缓。

（原文发表于《中小学管理》2018 年第 10 期，收录时有改动）

---

① 褚宏启. 再缺也不能缺老师："教师荒"是当前最严重的教育危机 [J]. 中小学管理，2017（9）：60.

基础教育健康发展要处理好几个关键问题

　　"双减"政策实施后，中小学生负担有所减轻，但一些地区和学校的学生负担依然很重，甚至"内卷"到白热化程度。业内人士、学生家长与社会公众对此均忧心忡忡，大家对基础教育能否健康发展、如何健康发展高度关注。基础教育要实现健康发展（且不说高质量发展）需要处理好几个关键问题，或者说需要处理好几对关系。

　　第一，多与少。"多"与"少"是指当前中小学生知识学得过多，而其他素养获得的太少。中小学生多学、早学是一个突出的大问题，早学的本质也是多学，"唯分数""唯升学"是幕后推力。多学和早学的目的在于使学生在同龄人尤其在同伴中形成竞争优势，考出更高的分数，获得教师更多的肯定，获得同学更多的羡慕，最后考上更好的学校。由于学生在教师讲课前就通过多学和早学掌握了相关知识，教师的课堂教学失去实质意义，一些学生在课堂上本该学习新知识，却变成了复习旧知识。这样不仅大大增加了学生的学业负担和家长的经济负担，而且从长时段看，这种重复性的学习没有实际价值，边际收益甚低。如果说前述的多学和早学是家长主导的、社会补习机构实施的，那么，还有一种多学则是由课程内容过多所导致的，即大学的课程内容下放到高中，高中下放到初中，初中下放到小学，使得每个学段的课程内容越来越多。

中小学生有必要学习那么多的知识吗？答案是完全没有必要！知识的学习并非多多益善，因为中小学生的时间总量是恒定的，当知识学习用的时间多了，用于能力发展、社会实践、自我反思、身体锻炼、休息睡眠的时间就少了甚至完全没有了，就会造成学生片面发展，甚至带来心理健康问题。一些学生抑郁甚至自杀都与学习负担过重、考试压力过大有密切关系。

基础教育要优化学生的素质结构，需从源头上减负，大幅减少课程内容知识总量，减少甚至杜绝家庭主导的早学和多学，腾出更多时间支持学生的全面发展、个性发展，以及核心素养的培育。只有如此，学生才会有更加满意的学校生活、更加健康快乐的成长旅程，将来才会有更美好的人生。

第二，近与远。"近"是指眼前、一时、急功近利，"远"是指长远、一世、可持续发展。多学、早学、唯升学、唯分数等，考虑的只是学生的眼前利益、一时（中高考）的利益，而不是学生的长远利益、一生幸福。对于中高考而言，"会做题"很重要，但对于学生的一生而言，"会做事"更为重要，时下国际普遍认同的核心素养就是会做事。人的真实人生是做事，而不是做题。国际上公认的四大核心素养（4C）即创新能力、批判性思维、交流能力、合作能力，就是职场的关键胜任力、核心竞争力，对实现人的社会阶层的持续向上流动、拥有美好幸福的生活是最为紧要的。

然而，不少学校、教师和家长对学生一辈子都需要的核心素养并不关注，认为创新能力、批判性思维、交流能力、合作能力与考试无关，所以都不重要。实际上，纸笔考试具有天然的缺陷，难以测评出一个人是否有温暖的心、是否有领导力，更难以衡量一个人的动手能力。在单一的纸笔考试这个指挥棒的指挥下，让学生"会做题"成为许多学校和大多数家长的主要目标。于是，基础教育拼命内卷，加班加点、死记硬背、题海战术盛行，学生身心健康受到损害。基础教育不能急功近利，应该培养学生一辈子都需要的素养，把一时与一世统一起来。

第三，苦与乐。"苦"是指刻苦、痛苦，"乐"是指快乐、乐趣、兴趣。成年人常用"没有苦中苦，哪有甜中甜"来激励学生刻苦学习并忍受沉重负担所带来的"痛苦"。在学校和家长的反复强化下，学生们认为苦学、痛苦是合理的，是必要的，是为了获得一个好的成绩、好的人生所必须经历的，其后果是学生年复一年地压抑与忍受，身心健康不断被透支。学生很苦、很累，导致厌学弃学，甚至厌世弃世。如果我们的教育对学生的身心资源滥挖滥采、"杀鸡取卵"，就会使得他们身心受损、元气大伤，等他们高中毕业后就已经没有冲劲了。青少年学生缺乏后劲、缺失动力是一个亟待解决的问题。

后劲除来自理想、信念、责任感外，更重要的是乐趣与兴趣，这是人一生不竭的动力。人生的闪光点和高光时刻，往往来自一个人浓厚的兴趣与爱好，而不是大家共同刷的那张卷子。基础教育要把培养学生的兴趣爱好放在突出位置，要开设选修课供学生自由选择，要提供丰富多彩的社团活动、课外活动，满足学生的兴趣爱好，促进学生的个性发展，提升学生的主体性尤其是创造性。有兴趣的、快乐的学习，比刻苦的、痛苦的学习，能带来更好的结果。没有苦中苦，也可以有甜中甜，甚至有更多的甜中甜。

总之，基础教育要健康发展，学生要更好地发展，尤其是学生要一生可持续发展，就要坚决改变当前知识学得过多、兴趣挖掘不足等问题。关注学生的核心素养、长远利益、兴趣爱好，有助于解决基础教育中存在的顽瘴痼疾，有助于提升学生的在校生活满意度，有助于促进学生一生过上美好幸福的新生活，也有助于提升我国教育的国际竞争力。

（原文发表于《中小学管理》2024年第1期）

建设教育强国，基础教育何为？

　　教育强国建设中，高等教育是龙头，基础教育是基点。基点发挥基础和基石作用，但是基点的所作所为不应该是盲目的，而应该跟着龙头走。那么，高等教育这个龙头又跟着什么走呢？跟着"强国"走。这个强国指的是世界性强国即世界强国，不是区域性强国。

　　世界上190多个国家可以分为三类：世界强国、中等强国（区域性强国）、一般国家。中华民族要实现伟大复兴，中国要成为的强国一定是世界强国。世界强国强在硬实力和软实力的综合，硬实力包括军事实力和经济实力，软实力的提升以硬实力的发展为前提和基础。而硬实力当中，经济实力是基础。在经济发展的几大支柱产业中，制造业是核心。因此，世界强国的内核是制造业。制造业是国民经济的主体，是强国之基。工业革命以来，世界强国的兴衰史一再证明，制造业不强，国家就不会强。打造具有国际竞争力的制造业，是我国提升综合国力、保障国家安全、建设世界强国的必由之路。我国是制造大国，但还不是制造强国，其中有两个突出问题：一是产业结构不合理，二是产业技术创新能力不足。因此，促进产业结构升级，提升科技创新能力，成为我国建设世界强国的关键。

要发展包括芯片制造在内的先进制造业，需要科技创新和科技拔尖创新人才的支撑，而科技创新和科技拔尖创新人才的培养都离不开高等教育，高等教育尤其是"双一流"大学是科技创新的重要力量，更是原始创新的主力军。科技拔尖创新人才的培养，要求"双一流"高校加强本科生、研究生培养，尤其是科技类博士生的培养，要重点培养他们的创新能力，通过大团队、大项目、大平台，加强产学研融合。由此可见，与世界强国建设的内核——先进制造业直接对接的不是基础教育，而是高等教育，尤其是高等教育中的科技创新和拔尖创新人才培养，特别是博士生阶段的科技拔尖创新人才培养。

那么，基础教育在教育强国建设中的地位何在？在助推中国成为世界强国的过程中，基础教育能否有所作为？该有什么样的作为？这些可以通过以下两种方式进行论证。第一种是"全面式"的，要求基础教育的各个学段如幼儿园、小学、初中、普通高中，以及基础教育的各个维度如规模、结构、质量、课程、教学方式、管理方式、信息化、国际化等都要做强，认为这样就能发挥基点的作用。第二种是"聚焦式"的，不是笼统言之，不是面面俱到，而是聚焦重点、痛点和堵点攻坚克难。但是聚焦不是随意的，而是有内在的逻辑链条，即先找到作为世界强国内核的先进制造业，进而找到影响先进制造业的高等教育的两个关键点位，即科技创新与科技拔尖创新人才培养，然后从高等教育这个龙头向前延伸到基础教育这个基点。我们可以发现，世界强国建设、教育强国建设对于基础教育的核心要求就是"学生创新能力培养"，进一步展开则可以包括以下几个方面。

第一，聚焦培养目标。在促进学生全面发展和培养学生核心素养的基础上，要重点把学生创新能力的培养作为基础教育的主要培养目标。为此，要切实解决"唯分数"的顽瘴痼疾，把学生从重视机械记忆、重视标准答案中解放出来，重视学生批判性思维、创造

性思维、创造性人格的培养，从"分数挂帅"走向"创新为王"。

第二，改进育人方式。一是优化课程内容结构，加强科学教育，进一步提高科学教育在课程中的比重，加强项目化学习、STEM 或 STEAM 课程，提升综合实践活动、劳动教育、10% 的跨学科主题学习的科技含量，在促进学生掌握科学知识的同时，重点培养学生的科学精神、科学思维、理性精神。二是改进教学方式，每一门课程的教学，不论是否是科学类课程，都要运用启发式、探究式、讨论式、参与式等教学方式，培养学生的兴趣，让学生想创新、会创新。三是改进评价方式。不以分数论英雄，而以创新论高低，要把创新能力的测试引入中高考，引导学校、教师、学生、家长形成新的发展导向。

第三，改进学校管理方式尤其是学生管理方式。中小学要推进学校民主管理与多元共治，给教师、学生更多的自主权，给教师、学生、家长更多参与决策的机会。学校要建好教代会、少代会、学代会、班委会、家委会等民主参与平台，通过民主管理激发各类主体活力，形成民主平等的师生关系，形成课堂上浓厚的教学民主氛围，从而提升学生的创新能力。

总之，提升中小学生的创新能力是建设世界强国、教育强国对基础教育提出的核心要求，基础教育要聚焦重点并实现突破。

（原文发表于《中小学管理》2023 年第 11 期）

教育自信与教育自强：客观冷静看 PISA 2018

PISA（国际学生评估项目）2018 中，我国四省市学生阅读、数学、科学三项测试成绩均排名世界第一。对此结果，大家众说纷纭，褒贬不一。我认为其实没有必要过度解读，客观冷静看待就可，既不盲目自大，也不妄自菲薄。

名列第一肯定比排名靠后好，更比名落孙山好，这是受世人瞩目的优异成绩，可喜可贺。即便这只是中国教育最发达的四个省市——北京、上海、江苏、浙江的学生成绩，不能代表全中国更不能代表中西部地区，但是依然值得骄傲和自豪。国外可能会有人怀着酸溜溜的微妙情绪，怀疑这个成绩的真实性，如同很多外国人不相信许多中国人托福与 GRE（研究生入学考试）能考满分一样；或者怀疑学生抽样的真实性，认为抽的都是成绩特别好的学生来作答。国内外可能都会有人说中国学生就会考试，成绩虽好但负担很重，这个成绩不值得庆贺，等等。我认为，这些说辞和其他的任何说辞，都不能也不该掩盖这个成绩本身的光彩夺目。这是中国教育献给新中国成立 70 周年的最好礼物。

很长一段时间以来，有些国人存在弱者心态，常常自我矮化、妄自菲薄，好像中国和中国人不能也不该拥有某些卓越的好东西，即便有好成绩，也是偶然现象，而且问题总比成绩多，压得成绩黯然失色、不值得一提。现在，孩子们在 PISA 中三科全都考世界第一了，这些人如果还不自信，那可真是"弱爆了"。当然，问题肯定存在，但一码归一码，不能以问题否认成绩。

我们要树立教育自信，PISA 2018 更坚定了我们的教育自信。首先，三项夺冠的成绩值得自信，在 79 个国家和地区中独占鳌头令人骄傲。其次，也是更为重要的，三项夺冠的含金量值得自信。与国内很多考试只是关注知识点与考点不同，PISA 基于课程知识但是又超越了课程知识，更为关注学生在生活情境中运用所掌握的知识和技能解决问题的能力。例如：阅读素养是 PISA 2018 的主测领域，阅读素养是指学生为了实现个人目标、增长见识、发掘潜能与有效参与社会生活，而对各类文本进行理解、运用、评估、反思的能力。因此，三项夺冠包含能力在内，其含金量更高。最后，三项夺冠背后的教学方式值得自信。PISA 2018 数据表明，我国四省市教师注重因材施教，擅长使用适应性教学策略；教师结合学生已有经验开展教学，重视调动学生的积极性主动性；教师给予学生充分支持，力求让学生学懂学会。国内外对于我国的教学方式与学习方式都有许多批评，对于满堂灌、死记硬背、题海战术有许多诟病，实际上我国的教与学的方式已经发生了很大变化，在北京、上海、江苏、浙江等教育发达地区更是如此。另外，即便对于传统的教学方式，我们也要看到其有价值的一面，如自古以来强调的因材施教、学而时习之、温故知新等，今天依然具有积极价值，不可妄自菲薄，不能否认我国优秀的教育与文化传统。

我们的教育要自信，更要自强。三科成绩都已经第一了，如何自强？难道是追求更高的分数？当然不是。自强是指，看到并解决存在的不足与问题。成绩要讲够，问题也要讲透。我国教育从结果到过程，都存在一些突出问题，都需要补短板、强弱项。

第一，教育自强要求学生综合素质更强。从教育结果看，教育要自强，不是指三科分数更高，而是指学生的综合素质尤其是核心素养或关键能力更强，能让我国学生更好地适应 21 世纪全球化、信息化和知识经济的挑战。PISA 尽管在测量学生素养方面比我国当前的中高考技高一筹，但其测量范围与测量技术依然是有限的，比如对于创新能力、对于自主发展能力、对于情感态度价值观的测量还是很不够的。从全国范围看，唯分数、唯升学的教育依然盛行，学生片面发展依然严重，学生能力发展尤其是创新能力、自主能力的发展依然不足。因此，我们不能因为 PISA 2018 三科夺冠，就认为自己天下第一了，就不需要任何改革了。实际上，我国学生素质离国家发展的要求、离人的全面发展的目标还有很大差距。

第二，教育自强要求教育过程更强。PISA 2018 数据显示，我国四省市学生课业负担非常繁重，学习效率不高，阅读、数学、科学的学习效率在 79 个参测国家和地区中分别排在第 44 位、第 46 位、第 54 位。学生的学校归属感和满意度很低，如学生的在校生活满意度排第 61 位。我们需要转变教学方式，既需要有问题导向，重点解决学生课业负担重、归属感和满意度低的现实问题；更需要有目标导向，促进学生全面发展，培育学生核心素养。我国教学方式改进的主要方向是积极开展启发式、探究式、讨论式、参与式教学，激发学生的好奇心，培育学生的兴趣爱好，培养学生的创新能力与合作能力。

第三，教育自强要求教育保障更强。这其中，关键是人力资源保障要更强。我国四省市师资短缺指数为 0.75，高于 OECD 平均水平，在所有参测国家和地区中排第 3 位，说明师资短缺程度较高。而且城乡学校教师在教学专业技能方面仍然存在较大差距。这说明，即便是我国教育最为发达的四个省市，教师数量不足、质量不高问题也比较突出。其他地区的教师数量与质量问题可能更为严峻。

总之，我们要客观冷静看待三科夺冠。要全面地看，看到 PISA 所不能测量的素养；要深入地看，看到教育过程与保障中的短板；

要从全国看，看到其他地区的教育质量、教学方式、教师素质等问题可能更为严重。

PISA 2018 为我们评价中国的教育，尤其是基础教育，提供了国际比较的视角，让我们看到长短得失。PISA 2018 数据尽管不能反映一个国家教育的复杂性，但这些数据的采集是严谨的，我们要用好用足这些数据，要学会使用其中的前沿测量技术。

更为重要的是，我们要清楚，PISA 2018 只是中国教育现代化进程中的一个小插曲、小细节，不必过于看重其历史地位与现实价值。我们不是因为在 PISA 2018 中三科夺冠了才拥有教育自信，我们也不是因为在 PISA 2018 中发现了某些问题才追求教育自强。即便没有 PISA，我们对于中国教育的优势与不足也心知肚明，甚至知道得更全面更深入。

从根本上说，中国教育的自信和自强与 PISA 2018 没有多少关系，PISA 2018 只是提供了一些佐证的数据罢了。中国教育的真正自信与真正自强，是中国教育主体性的产物，是中国教育深刻自省与自力更生的产物。

（原文发表于《中小学管理》2020 年第 1 期）

供给优质均衡的基本公共教育服务

政府基本公共服务事关个体最基本的生存权与发展权，而教育是政府公共服务的首要组成部分。义务教育是教育体系的基础，居于重中之重的优先地位，义务教育机会均等是教育公平的基本要求，是社会公正的前提条件。2023 年 6 月，中共中央办公厅、国务院办公厅印发《关于构建优质均衡的基本公共教育服务体系的意见》，主要聚焦优质均衡的义务教育公共服务供给。我们可以从以下四个方面把握该文件的主要精神。

其一，均衡是基本公共服务均等化的基本要求，义务教育公共服务供给首先必须均衡化。促进区域协调发展、推动城乡整体发展、加快校际均衡发展、保障群体公平发展是未来义务教育均衡发展的主要任务。区域之间、城乡之间、学校之间义务教育均衡发展的实质是义务教育公共服务均等化，是提供均等、平等的义务教育就学机会，所体现的是"平等性公平"。而实现平等性公平的关键条件是学校建设标准化。面向未来，需要进一步完善义务教育学校办学具体标准，推动义务教育学校校舍建设、安全防范建设、教学仪器装备、数字化基础环境、学校班额、教师配备等办学条件达到规定标准，切实改善办学硬件与软件条件。保障群体公平发展体现的则是"补偿性公平"和"差异性公平"。文件要求，精准摸排孤儿、事实无人抚养儿童、农村留守儿童、困境儿童，加强教育保障和关爱保护，大力提高家庭经济困难学生应助尽助水平，确保家庭经济困难学生资助全覆盖，并提升学生资助精准化水平。同时，文件要求健全面向全体学生的个性化培养机制，对随班就读残疾儿童、学习困难学生、学优生、心理问题学生、不良行为学生都予以关注，加强对有严重不良行为未成年学生的教育矫治。上述义务教育公共服务均等化或者说均衡化的要求，既体现了"有教无类"的要求，也体现了"因材施教"的精神，标志着我国义务教育均衡发展已经进入差异性均衡即优质均衡的新阶段。

其二，义务教育公共服务供给还需要做到优质化。我国义务教育发展已经从基本均衡走向优质均衡的新阶段。在推进中国式现代化、高质量发展、加快建设教育强国的背景下，基本公共教育服务不仅是民生也是国计，是国之大计与党之大计，因此义务教育要为国家现代化奠基，义务教育公共服务不仅要均衡化发展，也要优质化发展。文件要求，基本教育公共服务要更加注重内涵发展，供给结构进一步优化，到 2035 年，义务教育学校办学条件、师资队伍、经费投入、治理体系适应教育强国需要，市（地、州、盟）域义务教育均衡发展水平显著提升，绝大多数县（市、区、旗）域义务教育实现优质均衡，适龄学生享有公平优质的基本公共教育服务，总体水平步入世界前列。为实现这一目标，义务教育需要进行整体改革，在目标层面，要坚持立德树人与全面发展，重点培育学生的核心素养，把学生从片面发展、唯分数、唯升学的误区中解放出来；在过程层面，要优化课程结构，改进教学方式与评价方式，推进因材施教，促进每一个学生的个性发展与全面发展；在保障层面，政府与社会要为义务教育提供财力、物力、土地空间、人力资源保障，尤其是要加强教师队伍建设。

其三，义务教育优质发展与均衡发展的关键在于教师队伍建设。文件特别强调"强化教师关键作用"。义务教育的区域差距、城乡差距、校际差距有诸多表现，关键在于师资素质的差距。义务教育的均衡发展要"以推进师资配置均衡化为重点"，义务教育的优质发展必须以教师队伍的高素质为前提条件，强教必先强师。文件要求进一步完善教师交流轮岗保障与激励机制，加快实现县域内校际师资均衡配置。关于提升教师队伍素质，文件从教师的职后培训与职前培养两个方面着力，要求积极探索建立新招聘教师在办学水平较高的学校见习培养制度；要求聚焦新课程、新教材、新方法、新技术，推动省、市、县、学校开展教师全员培训；要求优化师范生培养方案和课程体系。在教育数字化战略背景下，义务教育优质发展的关键是转变教学方式，并将教育教学与信息技术深度融合。为此，文件要求开展人工智能助推教师队伍建设行动，支持教师创新教学方式，提高教师数字素养和信息技术应用能力。

其四，义务教育公共服务的责任主体是政府。各级党委和政府要把构建优质均衡的基本公共教育服务体系作为实现共同富裕的一项重大民生工程，列入党委和政府重要议事日程，强化省级统筹，充分发挥市级政府作用，落实以县为主的管理责任，重点是扩大义务教育公共服务的有效供给。扩大有效供给是基本公共服务均等化的前提，扩大供给要求增加政府财政投入，有效供给要求优化资源配置方式。各级政府要切实落实主体责任，始终坚持把义务教育作为教育投入的重中之重，逐步提高经费保障水平，还要优化教育经费使用结构，重点加大对教育教学和教师队伍建设投入力度，为义务教育高质量发展提供财力保障，并依法保障教师工资待遇，促进义务教育优质均衡发展。

（原文发表于《中小学管理》2023 年第 6 期）

提升教育质量需解决的关键问题

提高教育质量是我国教育改革发展的核心目标。那么，什么是教育质量？如何评价我国当前的教育质量？要提升我国教育质量，需要解决哪些关键问题？本文试图回答这些问题。

什么是教育质量？

教育质量的界定有狭义和广义之分。狭义的教育质量指教育的结果或者产出；广义的教育质量把教育结果、教育过程、教育投入（尤其是教师质量）都包括在内，实际上把影响教育结果的过程与投入要素纳入教育质量的分析框架中。正如联合国教科文组织的一份研究报告所指出的，"教育质量的一般性概念应包括三个内在相关的维度：为教学所提供的人与物的资源质量（投入）；教学实践的质量（过程）；成果的质量（产出和结果）"①。

对教育质量，本文采用狭义的界定，而把过程与投入看作影响教育质量的因素。从国际视野看，进入 20 世纪 90 年代以后，教育质量的评判逐步转移至"产出"层面，学校教育质量主要体现为促进学生学习成效的提高，教育质量要对消费者汇报，消费者根据学

———————

① 朱益明．教育质量的概念分析［J］．比较教育研究，1996（5）：55-56．

校教育质量进行判断、选择。①

　　教育作为一种手段，其目标在于促进人的全面发展与社会全面进步。因此，衡量教育质量不能脱离人的发展与社会发展，如同《国家中长期教育改革和发展规划纲要（2010—2020年）》所明确提出的："把提高质量作为教育改革发展的核心任务。树立科学的质量观，把促进人的全面发展、适应社会需要作为衡量教育质量的根本标准。"教育不是只促进一部分人的全面发展，而是促进所有人的全面发展。"为了全体学生的全面发展"这一"两全"目标，集中体现了质量与公平兼顾的教育发展目标。而为了促进社会全面进步，要从现代社会发展的经济维度、政治维度、文化维度等确定各级各类教育所培养的人的素质结构，从而促进社会物质文明、政治文明、精神文明的全面建设。

如何评价我国的教育质量？

　　新中国成立以来，尤其是改革开放以来，我国教育质量有很大提升，所取得的历史成就举世瞩目，为提升国民素质，促进我国经济发展、社会进步和民生改善做出了不可替代的重大贡献，所积累的丰富经验值得深入总结。但是，我国教育质量还存在提升空间，如同《国家中长期教育改革和发展规划纲要（2010—2020年）》所指出的，"必须清醒认识到，我国教育还不完全适应国家经济社会发展和人民群众接受良好教育的要求。教育观念相对落后，内容方法比较陈旧，中小学生课业负担过重，素质教育推进困难；学生适应社会和就业创业能力不强，创新型、实用型、复合型人才紧缺"。

　　从基础教育看，"应试教育"依然大有市场。教育中片面追求分数与经济领域片面追求 GDP 颇为相似，都是片面的发展观在作

---

① 王连照. 内涵、标准：国际比较视野中的教育质量［J］. 决策探索，2016（1）：54-55.

崇。国家统计局原局长李德水曾指出：GDP 仅仅反映一个社会的经济状况，而不能反映这个社会经济运行的质量，"它不能反映社会成本，不能反映经济增长的方式和为此付出的代价，不能反映经济增长的效率、效益和质量，不能反映社会财富的总积累，不能衡量社会分配和社会公正"。同样，"考试分数和升学率不能反映教育成本，不能反映教育发展的方式和为此付出的代价，不能反映教育发展的效率、效益和质量，不能衡量教育均衡和教育公平"。

尤其要注意的是，一些地方政府与地方党政主要领导把教育质量片面理解为升学率和考试分数，对于追求高考升学率不力的教育行政部门、学校予以行政惩处，运用公共权力推进"应试教育"，用错误的发展观和教育观阻碍区域教育的健康发展。如某市某区没有完成预定的在全市"保二争一"的"高考奋斗目标"，上线率降至全市第五，区委、区政府联合下发文件，对区教育局进行通报批评，提出"全区教育系统要痛定思痛，吸取教训，全面对照检查，明确努力方向，采取有效措施，大打高考翻身仗"，"责成区教育局逐级分析原因，追究责任，对近几年高考质量逐年下降、工作无起色的学校校长及领导班子在全区教育系统进行通报批评，对高考上线率大幅下降、作风漂浮、影响较大的学校领导班子以及不胜任现职的校长由区教育局提出意见，上报区委、区政府予以调整。要严格兑现奖罚，如明年高考位次再不能前移，将按照今年全区教育工作会议上确定的奖惩办法，对区教育局领导班子和相关学校的校长做出相应的组织处理"。文件还要求认真学习和发扬"领导苦抓、教师苦教、学生苦学"的"三苦"精神，层层明确责任，层层加强管理。该市的市委书记多次公开讲话"我不管它什么素质教育，我就要升学率！"，使当地的"应试教育"全面回潮。

"三十年河东，三十年河西。"经过 30 多年的改革开放，中国教育的发展已经到了一个新阶段，要从外延发展向内涵发展转变，从规模扩张向质量提高转变。那么，我们需要什么样的教育质量呢？

我们需要什么样的教育质量？

教育目的在于促进人的发展与社会发展，但教育促进社会发展也是通过培养人去实现的。因此，教育质量集中体现在教育所培养的人的素质，体现在教育为人的发展所做的贡献。教育质量问题最后聚焦在"培养什么人"上。

培养什么人、需要什么样的教育质量，不能脱离具体的社会背景与时代背景，教育不能"两耳不闻窗外事，一心只读圣贤书"，要关注社会变迁对于人的发展和教育质量提出的客观要求。教育部部长袁贵仁在 2016 年全国教育工作会议上指出："今天我们强调的质量，是全面建成小康社会新目标下的质量，是全球教育竞争新态势下的质量，是实现教育现代化新要求的质量。提高质量，要把促进人的全面发展、适应经济社会发展作为根本标准，全面提升学校办学综合实力、学生成长成才能力、社会贡献力、国际竞争力。"

我们需要"强调全面发展"的教育质量

人的全面发展是人自身发展的内在要求，只有全面发展，人才是身心平衡、精神世界平衡的人，才是本性、天性、潜能得以充分发展的人。也只有这样，人才能在一个高的境界上感受到生命的美好。人的全面发展也是社会发展的客观要求。现代社会对人的要求的多样性、人的生存环境的复杂性、社会实践活动的多样性要求人全面发展。人只有实现了更为全面的发展，才能在复杂多变的现代社会中飞得更高更远。全面发展是对片面发展的质量观的纠偏，对于引领我国教育健康发展具有导向作用。再也不能把"教育质量"等同于"考试分数"，不能单纯以分数评价学生、教师、校长、学校、教育行政部门的工作绩效。

我们需要"聚焦核心素养"的教育质量

这是适应国际竞争的要求而做出的选择。我们可以把"核心素养"界定为：为了适应 21 世纪的社会变革，人所应该具备的关键素养。简而言之，核心素养即"21 世纪关键素养"。

显而易见，对核心素养的研究是为了应对 21 世纪特别是知识经济的挑战。经济是基础，经济形态的变革会带动社会其他维度相应变革和"两大阵营对垒"的解除。伴随着 WTO 的跨国界影响和信息技术革命的飞速进展，世界在 21 世纪进入了知识经济、全球化和信息化时代，迎来了"三千年未有之大变局"，核心素养是对这个大变局的应对，因此具有鲜明的时代性和全球化特征。

核心素养不是面面俱到的素养"大杂烩"，而是全部素养清单中的"关键素养"。从这个意义上讲，核心素养是素质教育、三维目标、全面发展、综合素质等中间的"关键少数"素养，是各种素养中的"优先选项"，是素质教育、三维目标、全面发展、综合素质等的"聚焦版"，也是我国教育质量的更新版和升级版。核心素养是适应个人终身发展和社会发展所需要的"关键素养"，只有具备这些素养，学生才能成功地适应社会，在自我实现的同时促进社会的发展。

核心素养框架的确定必须具有时代性与前瞻性。在核心素养指标的遴选方面，从全球范围来看，国际组织、一些国家和地区在核心素养的选取上都反映了经济社会发展的最新要求，强调创新与创造力、信息素养、国际视野、沟通与交流、团队合作、社会参与及社会贡献、自我规划与管理等素养，内容虽不尽相同，但都是为适应 21 世纪的挑战。

核心素养是"高级素养"，不是"低级素养"。我们的"应试教育"也培养了一些素养，如死记硬背（记忆）的素养、题海战术（应对考试）的素养等，但在新的世界大势下，这些素养都是低级素养，没有竞争力。核心素养是高级素养，学生的发展需要这些高级素养，国家参与国际竞争需要这些高级素养。中国的国民素质和学生素质需要更新换代，中国的教育目标需要升级换代，而核心素养的培育就是正确的路向。

我们需要"增进人的现代化"的教育质量

现代教育的目标是培养现代人，建设现代社会。在国家现代化背景下，教育的重要使命就是促进人的现代化，培养具有现代精神的公民。人的现代化是社会现代化过程中的关键因素。美国人类文化和社会心理学家英克尔斯等指出："在发展过程中一个基本的因素是个人，除非国民是现代的，否则一个国家就不是现代的。在任何情况下，除非在经济以及各种机构工作的人民具有某种程度的现代性，否则我们怀疑这个国家的经济会有高的生产力，或者它的政治与行政机构会很有效率。"[①] 在我国，由传统人向现代人转变的问题，实质上是"中国国民性改造"的问题，是国民素质提高的问题。清末以来，我国许多先进分子对于国民性改造的紧迫性、国民性改造的内容和方式等重要问题都做了大量扎实的研究，提出了许多富有创见性的思想，在一段相当长的时期内形成了颇有声势的国民性改造思潮，其中梁启超、鲁迅等对于国民性的描画与批判入木三分，至今仍发人深省。

那么，什么是现代人？或者说，什么是人的现代性？英克尔斯等从 3 个角度、24 个维度去测量人的综合现代性（overall modernity），力图为"现代人"列出一个素质清单："在我们的研究中所表现的现代人的特点，可以被总结为四个主要项目：他是一个见闻广阔的、积极参与的公民；他有明显的个人效能感；在同传统的影响来源的关系中，他有高度的独立性和自立性，特别是在他决定如何处理个人的事务时尤为如此；他乐意接受新经验以及新的观念，也就是说，他是相当开放的，在认识上是灵活的。"[②] 本质上，人的

---

① 英克尔斯，史密斯. 从传统人到现代人：六个发展中国家中的个人变化 [M]. 北京：中国人民大学出版社，1992：10.

② 同①424。

现代性就是人的主体性，现代人的典型特征就是具有主体性。主体性包括积极性、自主性、创造性三个方面。积极性意味着积极向上、自强不息、开拓进取、奋发有为；自主性意味着能够独立思考，有主见，不盲从；创造性意味着不墨守成规，充满创新意识，具有创新能力，并通过创新性的行为改造世界。

主体性不仅对于人的发展至关重要，对于国家的发展也至关重要。英国思想家穆勒曾言："从长期来说，一个国家的价值就是组成这个国家的个人的价值；一个国家如果为了要使它的人民成为它手中更加驯服的工具，哪怕是为了有益的目的，而……使人民渺小，就会发现靠渺小的人民是不能完成伟大的事业的。"① 什么是渺小的人民？渺小的人民就是主体性缺失的人民，就是积极性、自主性、创造性缺失的人民。这样的人民徒有"人民"之名，实为乌合之众，难以担当大任。中华民族的伟大复兴绝对是一项伟大的事业，这项伟大的事业必须靠伟大的人民才能完成。而伟大的人民是具有主体性的人民。

创造性是主体性的集中和最高体现。创新能力不足是我国国民素质也是我国学生素质的最大短板。依据 2015 年全球各国创新能力排名，韩国第一，日本第二，德国第三，我国排在第 22 位。就诺贝尔奖自然科学奖项而言，日本到 2015 年共有 21 位科学家获此大奖，中国到 2015 年才刚刚实现零的突破。这种差距，是创造性的差距，也是主体性整体的差距。创新能力不足严重制约我国发展，制约我国国际竞争力的提升。"创新发展"理念实为我国最需要的发展理念。

教育的终极使命是提升人的主体性，教育要培养有独立精神、自主精神、创造精神的现代人。我们需要从主体性的高度重新审视

---

① 布洛克. 西方人文主义传统［M］. 北京：生活·读书·新知三联书店，1997：163.

素质教育、全面发展、三维目标等的内涵。

总之，不论是全面发展、核心素养，还是人的现代化，都是对学生片面发展、被动发展的否定，都意味着教育质量观的重新定位。

如何提升教育质量？

要解决教育结果存在的上述突出问题，提高教育结果的质量，就必须关注教育过程的质量，就必须转变教育发展方式。

教育发展方式转变涉及很多内容，但最基本的三个方面是学的方式、教的方式、管的方式的转变。要解决孩子片面发展、自主发展不足等问题，提高教育质量，学生的学习方式、教师的教学方式、学校和政府的管理方式都需要转变。

要转变教学方式和学习方式。当前教学方式与学习方式存在的突出问题是，教学方式和学习方式相对单一，比较陈旧，教师"满堂灌""一刀切"现象严重，学生"死读书""读死书"现象严重，学生往往是被动学习，不利于自主学习、合作学习，以及探究能力的提升，不利于发展创新精神和实践能力，教学效益低，严重影响学生的全面发展、个性发展、主动发展与可持续发展。因此，需要倡导启发式、探究式、讨论式、参与式教学，激发学生的好奇心，培养学生的兴趣爱好，营造独立思考、自由探索、勇于创新的良好环境，让学生学会发现学习、合作学习、自主学习。

通过教学方式和学习方式的转变实现减负增效。要把减负落实到教育教学各个环节，给学生留下了解社会、深入思考、动手实践、健身娱乐的时间。要改进教学方法，增强课堂教学效果，减少作业量和考试次数。

转变教学方式和学习方式的必要性早为人知，国家和地方层面的相关要求也层出不穷，相应的变革在实践层面也取得了一定成效，但整体来看，进展比较缓慢，根本原因在于没有建立起有效的动力机制。因此，需要建立健全激励与约束机制，需要一定的制度安排，通过诱致性或者强制性举措，提供动力和压力，提供推力和拉力，引导各相关主体着力积极转变教学方式和学习方式。可见，"转变教育管理方式"是转变教育发展方式的关键部分，可谓画龙点睛之笔。

教育管理方式的转变，关键在于政府。各级政府要以正确的教育质量观为指导，围绕学生培养模式改革与教育质量提高，制定各类教育标准，健全政府管理教育的各种制度。制定教育质量国家标准和区域标准，建立健全教育质量保障体系，明确并完善各级各类学校的培养目标、专业设置标准与课程标准，健全学生发展评价标准，改革考试招生制度，健全学校与区域教育发展的督导评估标准和制度，建立区域教育发展监测标准与制度，通过标准和制度建设推进教育改革的深化。

从国际上看，学术界在测量评价学生的发展质量时，往往只是局限于容易测量的认知领域特别是知识掌握方面，而对合作的能力、问题解决的能力等难以测量的维度反映甚少。从我国教育实践看，长期以来，我国一些政府部门往往用分数多少来评判质量高低。例如，"由于缺乏准确反映义务教育质量状况的客观数据，我们既不能全面客观地对义务教育质量做出评价，也不能有效诊断存在的问题及其根源，单纯以成绩和升学率为标准来评价学校教育教学质量的现象一直存在"①。

但这种状况正在改观，自 2007 年始，在借鉴国际组织和发达国家已有经验的基础上，我国开始组织专家学者力量努力研发适应我国教育实际的、具有中国特色的标准化义务教育质量监测评价指

---

① 靳晓燕. 教育质量监测：考试评价制度改革的突破口 [N]. 光明日报，2015-04-16（10）.

标和体系。这种质量监测不同于传统意义上的中高考等评价方式，其主要功能不是选拔和甄别，而是诊断、指导和改进，目的在于了解学生的全面发展情况，对全国中小学生教育质量整体状况进行宏观把控，引导基础教育真正实施素质教育，促进学生全面发展。①

提高教育质量，政府负有重要责任。必须建立以提高教育质量为核心的政府绩效考核问责机制。教育质量监测的完善，为科学准确评价政府官员的教育政绩提供了数据支持。通过绩效考核和问责，引导地方政府摒弃以分数衡量教育质量的片面质量观，树立正确的教育观、质量观和政绩观，把提高教育质量作为推进教育改革与发展的核心目标。

（原文发表于《人民教育》2016 年第 7 期）

---

① 檀慧玲，刘艳. 国家义务教育质量监测：实现有质量的教育公平的有效途径 [J]. 中国教育学刊，2016（1）：50-53.

新型城镇化引发的基础教育变革

改革开放以来，我国城镇化发展迅速，使中国社会发生了翻天覆地的变化。我国独特的城镇化进程在促进经济社会发展的同时，也出现了一些问题，主要表现在：第一，人口城镇化滞后于工业化，大量农业转移人口在城镇生活和就业，却未能在教育、就业、医疗等方面享受与城镇居民同样的基本公共服务，难以融入城市社会；第二，土地城镇化快于人口城镇化，一些城市"摊大饼"式扩张，"圈地造城"占地过大，过分追求宽马路、大广场，建成区人口密度偏低，人气不足，建设用地等资源使用粗放低效；第三，城镇化的区域发展很不平衡，城镇空间分布和规模结构不合理，特大城市和大城市的主城区人口压力偏大，而中小城市集聚产业和人口不足，潜力没有得到充分发挥；第四，城乡发展不平衡，农村发展严重滞后，农村留守儿童、妇女和老人问题日益凸显。

我国城镇化和经济快速发展是建立在"三个廉价"即廉价劳动力、廉价土地、廉价环境成本的基础上的，特别是廉价劳动力成为我国主要的比较优势。但面向未来，主要依靠劳动力廉价供给、用非均等化基本公共服务等压低成本推动城镇化快速发展的模式不可持续。这种发展是不以人为本的"剥夺式发展"，会引发诸多社会矛盾。

新型城镇化力求解决上述问题，其重要特征是：推进以人为核心的城镇化，推动大中小城市和小城镇协调发展、产业和城镇融合发展，促进城镇化和新农村建设协调推进。新型城镇化的突出特征是注重人的发展，注重基本公共服务提供，关注人的生活质量。

教育是促进人的发展的基本手段，教育与新型城镇化有内在联系，有助于解决传统城镇化存在的问题，提高城镇化的质量。

新型城镇化对于教育的挑战是全面的，涉及各级各类教育，本文只关注基础教育，力求系统论述我国新型城镇化对于基础教育的目标定位、机会公平、空间布局、制度安排等提出的挑战以及基础教育如何主动适应并积极促进我国新型城镇化进程。

重构教育目标，提升农民工随迁子女和农村中小学生的现代性水平，促进人的城镇化和现代化

此处所说的教育目标"重构"，不是否定原来的教育目标（诸如全面发展、素质教育、三维目标等），而是指把目标进一步聚焦。在新型城镇化视角下，城乡基础教育的核心使命是促进人的城镇化和现代化，尤其是提升人的现代性水平。

"人的城镇化"是新型城镇化的核心。《国家新型城镇化规划（2014—2020 年）》提出推进城镇化的首要原则是"以人为本，公平共享"，具体要求是："以人的城镇化为核心，合理引导人口流动，有序推进农业转移人口市民化，稳步推进城镇基本公共服务常住人口全覆盖，不断提高人口素质，促进人的全面发展和社会公平正义，使全体居民共享现代化建设成果。"

"人的城镇化"与"农业转移人口市民化"同义，从字面上看，是指把农村人"变成城镇人""变成市民"，使农村人与城镇人（市民）一样，没有差别，能够安居乐业、具有同样身份、享受均等的基本公共服务、具备同等素质。严格来讲，人的城镇化的这

些维度中，只有"具备同等素质"是从教育目标层面即从"培养什么人"的层面来论述人的城镇化的，它揭示了人的城镇化的本质内涵与教育意蕴。

进一步讲，人的城镇化、农村转移人口的市民化，实质是人的现代化。人的现代化是指个人传统性减弱而现代性增强的过程，即个体从传统人转变为现代人的过程。农村转移人口"从乡村到城市"，某种意义上意味着"从传统社会到现代社会"。

农业文明的封闭性容易使农村人口具有传统人的一些特征，如消极被动、不思进取、知足常乐、小富即安，他们往往凭借经验、常识、习惯而自发生存与活动。而现代人具有以下特点：第一，平权开放。秉持人人平等、男女平等理念，尊重他人人格，心胸开阔，乐于接受新思想、新经验，积极参与公共事务。第二，独立自主。不过多依靠依赖他人，有个人主见，不屈从权威，不人云亦云。第三，乐观进取。对人对事都持乐观的态度，相信个人的力量，积极向上，不怨天尤人，不宿命悲观。第四，科学理性。不信鬼神，不把一些现象归因于超自然的力量，相信科学和理性的力量，并积极运用科学方法去解决遇到的各种问题。

城镇化在表面上是农村人口向城镇集聚的过程，在本质上则是农村转移人口精神世界转变的过程、农村生活方式和人格特征转变为城市生活方式和人格特征的过程、传统人转变为现代人的过程。

城镇基础教育应该把提升农民工随迁子女的现代性、培养现代人作为核心使命，使他们适应和融入城市生活，并为其未来的升学和就业奠定坚实基础。这就要求城镇学校深入研究随迁子女的精神状况、心理特点与特殊需求，充分运用正式课程、隐性课程、同伴影响、教师榜样等多种方式，形成合力，促进其现代性的发展，使他们具备现代市民的生活方式、人格特征和综合素养。

农村基础教育的培养目标也要反映新型城镇化的要求，不应局限在培养"新型农民"上。基础教育，不论其空间位置是处于农村的还是处于城里，其目的都在于为学生的一生发展奠定基础，都是培养合格公民，都要促进人的现代性和全面发展，并不需要涉及是否"为农"的问题。实际上，在人口自乡村向城镇流动的背景下、在乡村的年轻人都进城打工的背景下，农村的基础教育如果还是以培养"新型农民"作为目标，是不符合实际的。农村基础教育要树立"新质量观"。

还要注意的是，当前中国的城镇化在时间上处在 21 世纪，而知识经济、信息化、全球化等是 21 世纪社会的典型特征。这要求教育培养人的"21 世纪核心素养"，如创新与创造力、信息素养、国际视野、沟通与交流能力、团队合作能力、社会参与及社会贡献、自我规划与管理素养等。这些素养是适应个人终身发展和社会发展需要的"关键素养"，是 21 世纪"人的现代性"清单，也是素质教育、三维目标、全面发展、综合素质等的"聚焦版"。新型城镇化进程中，针对农民和农民工子女的城乡基础教育，要把培育核心素养作为核心目标。

为随迁子女提供均等的受教育机会，改善教育过程，促进社会融合

在城镇化进程中，我国传统的城乡二元结构还未破除，新的"城市内部二元结构"已经成型甚至固化，农村转移人口与城镇居民这两大社会群体之间难以融合。社会融合意味着社会距离的缩小或者消除。社会距离的存在与加大是社会排斥的结果。被排斥是一种被抛弃、被隔离、被边缘化的消极体验。农民工随迁子女所遭遇的排斥主要有制度排斥和文化排斥两种。

首先，要破解教育方面的"制度排斥"，破除城镇内部的城乡二元教育制度，完全开放城镇各级各类基础教育，为随迁子女提供均等的受教育机会。

城镇化给当前教育带来的最大挑战是农民工随迁子女在城镇地区的基础教育机会均等问题。从20世纪90年代以来，城镇地区对于农村转移人口的制度有明显调整，逐步放开了一些基本公共服务。例如，在教育方面，"两为主"政策即"以流入地政府为主、以公立学校为主"政策的实施，保障了农民工随迁子女以公办学校为主接受义务教育，打破了原有户籍制度的二元刚性。但这只是解决了随迁子女的义务教育问题。随迁子女在流入地按照"两为主"原则完成义务教育以后，高中阶段教育及就地高考问题逐步凸显出来，异地中考、异地高考政策成为当前考量教育是否公平的一个关键因素，成为教育政策领域中的热点问题。

为因应这种形势，2012年8月国务院办公厅转发教育部、国家发展改革委、公安部、人力资源社会保障部《关于做好进城务工人员随迁子女接受义务教育后在当地参加升学考试工作意见的通知》，明确要求各省、自治区、直辖市人民政府制定随迁子女在当地参加升学考试的具体办法。《国家新型城镇化规划（2014—2020年）》也明确提出"保障随迁子女平等享有受教育权利"，此处所说的"教育"并不仅仅限于义务教育。

不论是各省份的异地中考政策还是异地高考政策，存在的主要问题是对于报考资格所设置的"门槛"过高，表现在或明或暗、或直接或间接与户籍挂钩。有的"门槛"貌似"不高"，但这些"门槛"事实上并不是孤立存在的，而是以其他"门槛"的存在为前提的，实际上这些"门槛"并不低。

异地中考、高考之所以设置高"门槛"，是因为涉及多种利益冲突，其中最主要的是流入地非户籍群体与流入地户籍群体的利益冲突。异地中考、高考政策会导致流入地中学阶段教育资源的紧张，异地高考的前提条件之一是非户籍学生在流入地上高中，户籍学生家长认为这会稀释流入地优质基础教育资源，并挤占户籍学生的优质学位名额。而且异地高考增加了流入地的教育承载力，流入地政府主要担心是否有能力、有财力去承载，最后导致流入地政府出于强烈的地方保护主义动机，失去深度推进异地中考、异地高考的动力，为流动人口子女设置了较高的报考条件"门槛"。

为保障农民工子女在城镇地区的高中教育、高等教育的机会均等，政府在适当时机要逐步推进以下改革。（1）取消根据考生户籍的中高考报名招生方式，使报考资格与户籍分离，与居住证制度挂钩。户籍制度改革的重点，是要剥离附加在户口上的权益和福利，将教育、就业、社会保障等公共服务制度框架与户籍制度分离开来。（2）大力发展流入地高中阶段教育。异地中考和异地高考都对流入地高中教育的发展提出了挑战，要求流入地扩大高中阶段教育规模，提供更多的教育机会，向随迁子女完全开放高中阶段教育特别是普通高中教育。政府可以通过扩容改造、新建或扩建公立普通高中，提升公办学校的承载能力。同时要大力发展民办高中，推进办学体制改革，引导、扶持社会力量重点兴办高中阶段学校，加大购买公共服务力度，吸收社会资金发展高中阶段教育。

其次，要破解针对随迁子女的文化排斥。这种排斥是指城镇居民、城镇学校的教师和城镇户籍学生对于农民工随迁子女在行为方式、生活方式、价值观、语言方式等方面的排斥。文化排斥往往起于偏见，加强沟通、增进理解后，排斥会得到减弱。

城镇地区需要改进针对农民工随迁子女的基础教育，把促进随迁子女文化融合作为城镇学校的教育目标之一。基础教育的内容、形式等要为促进融合服务，要让城乡学生更多进行社会交往与互动，让随迁子女更快更好地习得城市生活方式。学校应该要求本校的教师和当地学生尊重在本校就读的农民工子女及其家长，并通过家长委员会、家长会等形式，促进本地学生家长与农民工子女家长的沟通和交流，使得基础教育不仅促进未成年人群体间的文化融合，也促进成年人群体间的文化融合。同时，还要通过继续教育和大众媒体等手段，改变某些城镇居民对于农村转移人口的认识，改变城镇学生对于农民工随迁子女的认识，提升城镇居民的包容性，为建设包容性城市奠定认识基础，推进农村转移人口融入企业、学校、社区。

通过教育空间布局优化，促进城乡教育的优质发展和公平发展，促进城乡一体化发展、各类城市合理布局

城镇化进程中的人口集聚、产业集聚，使人口与产业的空间布局发生重大变化，这必然导致教育空间布局的变化，也对教育空间布局的优化提出了要求。

城镇公共服务提供不足、城乡发展不平衡、城镇间空间布局不合理等问题，是新型城镇化需要解决的问题。这些问题，在教育上都有突出的反映，表现为教育资源在城镇空间中总量不足、在城镇空间分布中结构不当（布局不当），农村学校在农村地区空间布局不当，城乡教育空间"差距过大"。解决这些问题的措施有以下三个。

第一，优化城镇内部的学校空间布局，增加教育用地，重点解决城镇学校班额过大问题。我国快速城镇化在教育上的一个直接后果是大量学龄人口涌入城镇地区，导致城镇中小学班额过大。平均班额远远高于发达国家水平。2010 年我国小学和初中平均班额分别为 38 人和 52.9 人，而 OECD 国家则分别为 21 人和 23 人，我国是 OECD 国家的 1.8 倍和 2.3 倍。而城镇学校的平均班额又高于全国平均水平，某些人口大省、发达地区、县城的平均班额更是远远高于全国平均水平。要提高教育质量，促进因材施教，城镇学校大班额的局面必须改变。而降低班额的重要举措就是在城镇地区新建更多的学校，而这就需要更多的教育用地。

当前，我国的土地资源极为紧缺，需要节约集约使用城镇土地，为发展教育腾出宝贵空间，要按照"总量够用、增量合理、存

量盘活"的原则，处理好教育用地总量、增量和存量的关系。（1）在总量上，要保证教育用地的"相对充足"，根据本区域适龄儿童总量（包括流动人口）确定教育规模，进而确定教育用地总量。有条件的城镇，可以在城区和郊区为教育发展留出储备用地，以保证将来之需。（2）在增量上，可以实行城镇教育用地增加规模与吸纳农业转移人口落户数量挂钩政策，保证随教育人口的增加及时对教育予以扩容和增容。（3）在存量上，要盘活已有学校资源，通过重新划片、学区制改革、集团化办学等方式，优化学校布局，提高教育用地使用效率。

第二，通过优化农村教育布局，提高农村教育质量、缩小城乡教育差距，进而提高农村公共服务水平，促进农村发展。优化农村教育空间布局，要从以下两个方面入手。（1）在城乡教育关系上，解决农村学校在教育空间上与城市学校差距过大的问题。加快农村教育事业发展，推进城乡教育一体化建设，缩小城乡教育质量差距，提高农村教育质量和均衡发展水平。在城乡之间配置教育资源时，重点向农村地区倾斜，在推进义务教育学校标准化建设的同时，特别要注重教育人力资源的倾斜性配置，加强农村教师队伍建设。（2）在农村地区空间分布上，解决农村学校的"布局不当"问题。农村地区受教育人口的减少，要求优化农村教育布局，合理"撤点并校"，重点解决农村小规模学校的发展问题。

农村小规模学校的存在具有重要价值，有助于解决边远地区学龄儿童上学远、难、贵的问题，为社会弱势群体提供就近入学的机会；农村小规模学校也是信息的集散地，为乡土文化传承和社区能力建设提供了重要支撑。从城乡一体化发展视角看，农村小规模学校不仅要保留和恢复，更要高质量地发展。

在合理撤并农村学校时，还要统筹考虑如何积极发展农村学前教育，可以考虑把闲置、废弃的农村小学改造成学前教育机构，防范教育资源流失。

第三，通过不同层级城镇间教育空间布局的优化，重点加强中小城市的优质教育资源建设，增进中小城市的教育吸引力，促进各类城市布局调整与协调发展。由于特大城市和大城市能提供更好的就业机会和基本公共服务，此类城市人口大量集聚，引发"城市病"。而县级城市以下的绝大多数小城镇就业机会偏少，基本公共服务供给严重不足，哪怕放开户籍限制也没有多少农村转移人口愿意到此集聚定居。基于此，在整个国土的空间布局上，我国新型城镇化发展的基本战略是优化城镇规模结构，促进各类城市协调发展，其战略重点是加快发展包括县城在内的中小城市，以解大城市之困境，并避小城镇之缺陷。

这就需要提升中小城市的引力和拉力，在数量和质量两个层面加强产业和公共服务资源布局引导，向中小城市倾斜。中国人历来有重视子女教育的传统，城镇优质教育资源也是引导人口集聚的重要拉力。农村转移人口向城镇流动的动机，已经从城镇化初期单一的经济动机，转变为现在的多样化动机，他们更愿意在城镇地区寻求更好的发展机会，更愿意让自己和子女受到更好的教育。在新的城镇化结构布局中，中小城市将会成为教育的新增长极，特大城市、大城市的基础教育优质资源以及高等教育、职业教育、继续教育资源，应该更多扩散、覆盖到中小城市，中小城市的教育吸引力将大大增加。这样，教育就可以发挥其独特的拉力作用，促进城镇化进程中不同层级城镇空间布局的合理化。

通过教育管理改革，为城镇化进程中基础教育的质量提升、机会均等、布局优化扫除制度障碍

城镇化进程中基础教育的质量提升、机会均等、布局优化要求在教育管理上进行深度改革，涉及管理体制、教育投入、教育人事、民主管理等方面的制度创新。

第一，健全城乡一体的基础教育管理体制，加大统筹规划和协作联动力度。新型城镇化要求构建城乡一体的教育管理体制，解决教育城乡分治问题、区域分治问题。政府要统筹城乡基础教育发展，打破城市内部针对农民工及其随迁子女的教育制度歧视，建立以常住人口为基准的公共服务提供机制；同时大力发展农村教育，从多方面加大投入和补偿力度，缩小城乡教育供给水平、供给质量和供给标准上的差距。政府要以城乡一盘棋、区域一盘棋的思路，通过顶层设计加强城乡教育空间布局的统筹规划。

除加强统筹外，同级政府不同职能部门之间的协作与联动也需大力加强。以农民工随迁子女教育为例，随着人口向城镇集聚，城镇面临的教育压力越来越大，导致城镇教育用地、教师数量、教育经费短缺，而这些问题仅靠教育行政部门无力解决，需要规划、土地、编制、人事、财政等政府职能部门协同合作。

第二，完善教育投入制度，为破解新老城乡二元教育结构提供财力支持。现行财政制度、税收制度与城镇化发展严重不相适应。主要表现为地方政府财力不足，无法为农民工随迁子女提供与户籍人口同样的基础教育服务。因此，增加地方政府财力、增大中央政府转移支付力度就成为政府财政制度改革的中心。

改革的要点有三：（1）进一步深化分税制改革。在税收分成上，中央政府要向地方政府让利，增加共享税比重，提高地方政府分成比例。在税制设计上，要稳定地方税基，构建有利于人口城镇化的地方税体系。根据国际经验，可建立以财产税、房产税为主体税种的地方税体系。（2）深化财政体制改革，充分考虑公共事项的受益范围、信息对称性和地方自主性、积极性，合理划分城镇化进程中不同层级政府的事权和支出责任，加大中央政府和省级政府的支出责任，减轻地方政府的财政压力。（3）适应人口流动趋势，以常住人口为基础完善教育转移支付制度。积极探索中央政府直接补助到人的转移支付形式，中央政府统筹全国财力，为跨省流动的随迁子女建立账户，使他们无论迁徙到哪个地方，都能拥有享受教育公共服务的权利。同时，还可以建立"学费随学籍走"的经费流动机制，减少流入地地方财政的教育投入压力。通过在全国推行可跨地区结算使用的教育券制度，解决教育经费在区域间的"支出流动"问题。

第三，改革教育人事制度，重点解决城市地区教师数量不足以及农村地区教师结构性缺编问题。随着城镇化的快速发展，大量农村人口和学龄儿童转移到城镇，直接导致城镇学校教师缺编，不少学校遂招聘临时"代课教师"以应急需。这些人员待遇低下、流动性强，其职业素养、社会保障、专业发展都值得忧虑。长期以来，人们更多关注农村教师问题，对于城镇化进程中城镇教师缺编问题关注不够。我们建议，应该加强对城镇化背景下城镇地区教师问题的政策研究，教育行政部门、编制管理部门、人事管理部门和财政部门共同协商解决城镇教师的缺编问题和待遇问题。

城镇化背景下农村学龄人口的主动流出与自然减少，导致一些农村学校教师与学生比例失调。一方面，部分农村学校教师的绝对数量出现富余，但又出现教师结构性缺编的现象；另一方面，随着农村义务教育布局调整的逐步规范，农村小规模学校数量有所回升，小规模学校教师数量不足问题比较突出。解决农村地区教师的缺编问题，关键是要完善农村教师配置标准，改革方向是：在以"生师比"为主的基础上，引入"班师比"和"科师比"作为辅助配置方式。引入"班师比"有助于缓解小规模学校教师数量不足问题，引入"科师比"有助于缓解大部分农村学校教师结构性短缺问题，因而值得探索。在核算农村教师编制时，需要在重点考虑学生数量的基础上，兼顾学科课程类别、学校类型特点、班级数量等因素，保障农村学校的师资需求。

近十年来，城乡教师交流问题一直是教育政策与教育研究的热点问题。城乡教师交流旨在缩小城乡师资差距。需要关注的是，在城镇和农村都存在教师缺编的情况下，抽调城镇教师去支持农村学校，会使城镇学校的教师缺编问题更加严重。也就是说，即使城乡教师交流机制能顺畅运行，这种机制所解决的也只是缩小城乡师资力量差距的问题，而不能解决城乡教师总体缺编的问题。从根本上讲，解决我国城乡教师总量不足问题的关键是政府要提高教师待遇、放宽教师编制，以吸引足够数量的优秀人才从教。

第四，完善民主参与机制，促进教育管理的民主化和教育治理的现代化。我国城镇化面临的首要教育难题就是促进教育公平，解决城乡间教育二元结构问题，特别是解决城镇内部教育新二元结构问题。从管理和治理的角度看，在教育差距背后，存在着话语权、决策权的巨大差距，农村地区、弱势群体的话语权不够甚至缺失，是教育不公现象持久存在的重要原因之一。教育不公平背后隐藏着社会不公正，教育中弱势群体的声音容易被遮蔽、被掩盖、被忽视。因此，需要建立健全弱势群体有效参与、深度参与教育治理的体制机制。

在教育管理中，要建立民主参与机制，使农业转移人口向政府、向社会充分表达其对于各级各类教育的利益诉求特别是机会诉求，使农民工及其子女（包括留守儿童）充分参与学校内部管理，使他们享有对于政府教育政务与学校校务的知情权、参与权、决策权和监督权。教育中的民主参与，将是城镇化进程中破解二元教育结构、实现教育机会均等、提高教育决策民主化科学化水平的关键性制度保障。

（原文发表于《人民教育》2016年第12期）

教育改革成败不可简单判定

目前，教育改革进入关键期、深水区，改革的难度加大，风险也加大。如何认识改革的成败、是否允许改革的失败、要不要持续推进改革，成为大家关注的问题。

如何评价教育改革成败

评价教育改革成败，一般而言，需要重点关注以下几点。

一是看改革是否达成了原定目标。教育改革会出现偏差，有时会完全偏离原定改革目标，有时会部分偏离；有时会出现"改革表面化"现象，相关政策和举措只是被"象征性执行"，并没有解决实际问题，更谈不上实现改革目标；有时还会出现"上有政策、下有对策"的现象，形成"替代式执行"，导致改革落空。这些表现都可以被视为改革的失败或者部分失败。

二是看改革是否取得了其他未预料到的结果。需要特别关注的是改革的附带效果即非预期的、预料之外的改革效果。某些教育改革出现附带效果是难免的，而在人们的印象中，附带效果似乎带有贬义，但实际上它并非总是有害的，也可能是有利的。附带效果不管是否有利，都是综合评价教育改革成败的关键因素。例如，某项教学改革并没有达到原定的"提高学生考试成绩"的改革目标，但无心插柳柳成荫，却使学生的创新能力和实践能力得到了实质性的发展，我们也可以认为此项改革不是失败的。

现实中，有些改革的确实现了原定的改革目标，按道理讲可以认为是成功的，但是此项改革解决了一个问题，却带来了更多更棘手的问题，改革的收益与带来的问题相比微乎其微甚至是负值。这种情况下，不能认为此项改革就是成功的。在实际教育改革中，此种情况并不少见。

三是利益相关者是否对改革的效果满意。教育关乎千家万户，利益相关者的范围极广，包括目标群体、直接受益者、直接管理（实施）者、资源提供者、其他社会组织和机构等。利益相关者特别是学生、家长对于教育改革是否满意，成为衡量某项改革是否成功的重要尺度。而利益相关者甚至是同一类利益相关者，如家长，对于教育的看法未必一致，即便相对一致，也未必正确。

需要特别强调的是，只根据上述三点判断教育改革的成败是不够的，因为教育改革的目标可能从一开始就是错误的（如一些区域和学校为单纯追求升学率而进行的改革），这种改革越成功，教育就越失败，这类改革从一开始就是失败的。有些家长判断教育改革成败的标准是错误的，家长对于改革越满意，改革可能就越失败。

因此，必须用更上位、更基本的标准来统率种类繁多的教育改革活动。这个标准就是学生的全面发展、个性发展、主动发展与可持续发展。任何教育改革，如果其目标或者其过程或者其结果与此标准有违，我们就很难说此项改革是成功的。

是否应该宽容"教育改革失败"

不能简单地以"是"与"否"来回答这个问题。

有些教育改革的失败是不能被允许的，也是不能被宽容的，而是要实行问责制，予以严厉追究责任的。有些区域性的教育改革以及学校改革是个别领导随意任性、主观决策、好大喜功、追求错误政绩观的产物，改革过处伤痕累累，问题丛生，后患多多。所以，允许失败不一定是教育改革的推进器，反而有可能成为一些决策者、管理者任性用权的最佳借口。

同时，我们又应该对一些改革持积极的宽容态度，特别是要鼓励教师在课堂层面的微观探索。

教育有其特殊性，判断其改革成败应该非常慎重。教育的特殊性主要表现在：教育目标是促进学生的全面发展，而学生发展的有些维度如品德、审美素养等很难评价衡量；影响学生发展的因素非常复杂；教育具有长效性，很难在短期内衡量教育成败。

因此，需要用科学的方法、翔实的数据，而不是肤浅的感知，来判定教育改革的成败。另外，要有静待花开的耐心，教育的长效性决定我们不能以急功近利的心态论教育成败，要给教育改革留出充分的时间去持续推进、去收获最后的硕果。

任何改革都有风险，改革本身就有不确定性。谁也不想失败，关键是，一旦失败或者局部失败，不要急于放弃改革，而是要以科学精神、用科学方法找到失败的原因，进而予以改进。失败是成功之母，成败往往连为一体，而且短期内很难断言成败。因此，宽容很有必要，宽容的本质是等待，是不要心急和焦虑。

什么样的教育改革容易失败

以下四种教育改革容易失败。

一是改革方案本身的科学性、合理性和可行性存在问题。有的教育改革目标过于理想化，有的目标不够清晰，缺乏可操作性的实施方案，只是一种广义的教育要求，难以有系统化的教育成果检测指标，在实施中学校以及教师对改革要求的理解各不相同，这种改革效果自然不会好。

二是改革对执行者的素质要求过高。一些改革对执行者的创新性和能动性的要求过高，如一些学校对于本校教师开发校本课程提出了过高的要求，教师难以胜任，导致改革停滞。

三是改革的实施资源和环境条件不佳。教育改革的实施需要足够的资源，特别是充足的经费、良好的教育设施设备、过硬的教师队伍、有利于推进改革的学校文化，然而现实中这些因素往往并不理想，成为教育改革中的障碍或困难。而且，教育中的一些问题，也是整个社会的问题，对此的忽视极易造成教育改革的效果不理想。

另外，密集推进教育改革也容易导致改革失败或者低效，因为这会造成改革的资源条件严重稀释和短缺，使得某项改革难以持续，从而难以积淀成"成功"的成果。

要使教育改革走向成功，要提高教育改革的成功率，除加强执行者能力建设、提供充分的资源保障以外，最为重要的是提高教育改革的理性化、科学化程度，理性地推进改革。

在改革开始前，不要随意决策，要花大力气、用长时间做好教育改革方案的调研和论证工作，切勿使教育改革仓促上马。需要大力提高教育改革方案的科学性。

同时，也需要提高教育改革决策的民主化和法治化水平。民主化可以充分了解民意民情，可以充分利用民智，法治化可以遏制教育决策中的一言堂、个人专断等"人治"现象，这些都可以促进教育改革的合理性和科学化。

科学决策、民主决策、依法决策是产生合理的教育改革方案的前提，是有效有序推进教育改革的利器，当前亟待加强。只有如此，才能减少一些完全没有必要的教育改革和教育折腾，才能真正减少教育改革的失败，才能获得更多的更大的教育改革成功。

（原文发表于《中国教育报》2015年5月18日第5版）

基础教育教学成果奖评选谨防走入误区

基础教育国家级教学成果奖，是基础教育领域由政府设立的最高级别的业务类奖励，每四年评选一次，今年是第三次评选。在基础教育国家级教学成果奖开展评审前，各区县、地市、省（自治区、直辖市）人民政府逐级开展了评审活动，一些省份已经公布了本省份的评审结果。近两年来，我看了各地不少的申报文本，发现在申报和评审过程中存在一些突出问题。

第一，校本化不够，偏离了教学成果奖的评审初衷。

校本化不够也就是没有以校为本，评审没有向中小学和幼儿园等基础教育的教学一线倾斜。如某省份公布的特等奖成果中，中小学幼儿园的成果占比不到20%，而各级教育行政部门（教育局或教体局等）、教育研究部门（教科院、教育研究中心等）、教学研究机构（教研室、教研中心）、教育培训机构（进修学校、培训中心）、高等学校、学术团体（教育学会等）等的成果占比超过80%。并不是说这些机构没有参评资格，而是其成果占比太高，有违常理。

按照相关规定，凡按国家有关规定批准设立的基础教育阶段学校（中小学、幼儿园、特殊教育学校），及相关学术团体、研究机构和其他社会组织、教师及其他个人，均可申报基础教育教学成果奖。但是需要明确主次，须知所评的是基础教育的"教学成果奖"，教学主体、教学创新的主体无疑是中小学与幼儿园，不应该主次颠倒、喧宾夺主；须知脱离了学校、脱离了课堂的教学成果，是没有根基的，是不接地气的。

为什么那么多非一线的教学机构如此趋之若鹜？利益使然。教学成果奖蕴含巨大利益，获奖者单位与个人均可以名利双收。对于单位而言，教学成果奖是巨大的荣誉，是胜出其他单位的标志性成果；对于个人而言，获奖有实实在在的利益，对于今后的职称晋升、评优评先均助力甚大。某省教育厅下发通知，规定省基础教育教学成果奖获奖者将由省教育厅颁发证书和奖金，教学成果奖奖金归获奖者所有，任何单位和个人不得截留，获奖情况记入本人考绩档案，作为评定职称、晋级增薪的一项重要依据。因此，中小幼机构以外的机构申报教学成果奖动力很大。当然，中小幼机构也有动力，但是它们长于实践、短于写作，"写本子"写不过科研院所、教育行政部门等机构。更重要的是，在区域层面，中小幼机构与科研院所、教育行政部门相比处于弱势地位，话语权不够，难免在评选中利益受损，这是某些省份教学成果奖特等奖中中小幼机构成果占比不高的根本原因。

解决这个问题的关键在于，教学成果奖评审必须实行限额推荐制。例如：某省明确规定，省级基础教育教学成果奖申报中，每个地级市推荐的成果，由一线教师和中小学幼儿园主持完成的成果不少于推荐总数的70%。本文认为，只做到这一步还是不够的，还要进一步规定特等奖、一等奖中中小幼机构成果的获奖比例，否则还是会出现中小幼机构以外的机构成果在特等奖、一等奖中占比高，而中小幼机构成果绝大多数被挤压到二、三等奖之中的现象。

我们并不否认地方教育行政部门、教研部门、科研机构、高等学校、教育学会等为推进区域教学改革做了积极贡献，但是任何区域性的教学改革都必须基于一个一个的学校教学实践活动，都必须基于"校本"，都必须基于课堂。行政部门与研究部门都是为学校教学改革提供支持与服务的，行政部门提供政策、人财物支持，研究部门提供智力支持，即便行政部门和研究部门参加教学成果奖申报，也应该和学校一起申报，且排名在学校之后。某些省份教学成果奖特等奖、一等奖中，地方教育行政部门、教研部门、科研机构、高等学校、教育学会等的成果占比过高，是"与民争利"的行为，是行政化、官本位的体现，是对中小幼机构利益的侵害，是需要纠正的不良现象甚至腐败现象。

当然，本文不是一概反对行政、研究部门申报教学成果奖，有些地方的教研科研部门、高等院校和教育学会等，在推进区域教学改革中贡献甚大，当然可以申报并可获得重要奖项。本文所反对的是一些具有权势的部门自身作为不大甚至无所作为，却与民争利且在重要奖项成果中占比过高的不公平行为。

第二，实践性不够，教学成果奖成了"科研成果奖"。

教学是一种教育实践活动，实践性是教学成果奖的根本特征。一些学校把教学成果奖的申报书写成了"科研成果奖"的申报书，主要讲获批了什么样高级别的课题，在高级别报刊上发表了多少论文，反复强调和强化的是"学术性"而不是实践性。教学成果最需要说明的是"为什么做""做了什么""做得怎么样"，要聚焦到教学实践上，重点阐明为什么教、教什么、怎么教、怎么评或怎么考，而不是"研究了什么""研究得怎么样"。

申报材料实践性不够，原因有三。一是教学实践基础本来就薄弱，实践薄弱就用文字来找补，"为赋新词强说愁"，三分实践七分编造，明眼人一眼就能看穿。没有实践基础的所谓教学成果根本就谈不上教学成果，还是不申报为好。二是教学实践扎实而且有成效，"做"得很好，但是"写"不出来，讲不清楚其中的道理，对于实践的描述、分析、解释不够，写得肤浅而表面，没有把教学成果的实践性讲明白。三是教学实践扎实而且有成效，但是写申报材料时价值方向错了，认为实践总是低下的甚至是粗陋的，上不了台面，于是拼命拔高，用了很多深奥晦涩的学术词汇，甚至自己编造了很多概念，画了多个非常复杂的示意图、模型图，把简单问题过度复杂化了，不仅评审专家不明白，最后把自己也搞糊涂了。

增强申报材料的实践性，要点有三。

一是坚持以问题为中心，讲明白这个教学成果要"面向现实解决什么真实的问题"，而不是要"面向未来构建什么理想的框架"。问题不明确不聚焦是很多申报材料的通病。问题要围绕教学目标、内容、方法、评价等要素展开，问题要从负面来表达，比如学生发展片面、学生创新能力不足、课程内容结构不合理、教学方式陈旧、评价方式错误、师资队伍教学能力欠缺等。问题清楚了，整个申报材料就可以顺理成章地围绕分析和解决问题展开，实践性就水到渠成了。真正的教学成果要解决真问题，要真解决问题。

二是坚持以实践为基础，针对上述问题，梳理出教学实践中做了哪些事情，采取了哪些措施，分别解决了哪些相应的问题。很多学校"做"的比"写"的好，如果要进一步完善申报材料，就需要进一步挖掘实践中的亮点和重点。需要注意的是，实践性之实践指的是"教学实践"或相关实践（如学校教育教学组织与管理、校本培训、校本教研、教育信息化等），而不是学校办学治校的所有实践。有的申报材料把学校周边环境综合治理、后勤工作等获得的奖励也写进来，这些内容与"教学成果"并没有多少关系，实属多余、败笔之举。

三是坚持以实用为导向，把有没有产生实效作为衡量成果实践性的根本标准。教学成果是指对提高教学水平和教育质量产生明显效果的教育教学内容、方法、手段等。教学成果如果没有产生实际效果，没有对学生的发展、教学模式的改变等产生正面影响，就不能称之为"成果"，因为没有实际效果。有的校长说，本校教学实践效果显著，但是学校就是讲不清楚其中的道理。本文认为，凡是有效果的做法，背后肯定是有道理的，甚至肯定有深刻的道理，这些道理可能已经被相关研究讲清楚了，但是申报团队没有看到这些材料。也有可能这些道理谁也没有讲清楚过，需要进一步的研究。不论是哪种情况，教学成果奖的申报都为学校团队提出了反思、学习、研究的客观要求，为学校教学改革的进一步深化提供了一个良好契机。

第三，创新性不够，难以发挥引领示范作用。

教学成果的创新性有两个基本要求：一是具备新颖性，二是具备有用性，二者缺一不可。有用性指的是具有正面的社会价值，不能危害社会，危害社会的新颖不是创新。从这个角度来看，各地所申报的教学成果可以分为四类。（1）不新颖，只是新瓶装旧酒式的包装，用了很多唬人的概念，甚至贴上学校特色（"××教育""××文化"）的标签。除了标签新之外，在内容上都是老生常谈，没有丝毫新意。（2）新颖但无用甚至有害。有些做法非常新颖，其他学校从未做过，但是这些做法劳民伤财，大大增加了师生和家长的负担，效果很差甚至只有负面结果。（3）既不新又无用，做法陈旧且没有益处。某些学校课堂教学中的一些陈腐做法，如加班加点、死记硬背、题海战术等就是如此。（4）既新颖又有用，与过去本单位的做法相比，尤其是与国内同行的做法相比，具有鲜明的新颖性，解决了许多学校都没有解决的问题，而且对于学生发展、教师发展、教学改进具有显著的实际效果。上述几类，只有第四类才是真正的创新性教学成果。

好的教学成果需要具备校本化、实践性、创新性三个特征，一言以蔽之，就是"做得好"，必须基于学校课堂教学，必须是扎扎实实做出来的，必须是新颖且有用的。除此之外，好的教学成果还要"讲得清"和"行得通"。

"讲得清"是指把道理讲清楚，即讲清楚问题是什么，问题背后的原因是什么，以及解决问题的对策是什么，把其中的逻辑联系、因果关系讲清楚，把教学成果的科学性、规律性讲清楚。所谓规律性，是指教育教学要符合社会发展的规律、符合人的发展的规律，要根据社会和时代对于人的素质的要求，根据学生身心发展特点，确定教学目标、内容、方法等。申报材料主要是用来讲清楚道理的，不是用来罗列事实材料的，因此，只知道本校的教学成果对于学生发展是有效的还不够，还要讲清楚为什么有效，既要知其然，也要知其所以然。

"行得通"是指教学成果具有可推广性，能够推广到其他机构、其他地区，能产生示范和引领作用。而要"行得通"，成果能被其他机构和地区学得到、用得上，前提是"做得好"和"讲得清"。只有讲清楚了"做得好"的道理，才能让别人容易学到位，否则，东施效颦，依葫芦画瓢，都属于表面文章，最后必然是画虎不成反类犬，优秀教学成果就发挥不了应有的示范作用。

做得好、讲得清、行得通，是好的教学成果的根本要求，也是好的教学成果申报材料要关注的关键要素。这三点也集中体现了教育部对基础教育国家级教学成果奖的要求：参评成果必须符合国家教育方针、政策，体现时代精神和素质教育的核心理念，遵循学生身心发展和教育教学规律；必须围绕解决基础教育教学过程中的实际问题，创造性地提出科学的思路、方法和措施，经过实践检验，对于实现培养目标、提高教学水平和教育质量效果显著，产生了广泛而积极的影响，至今仍在教育教学中发挥示范引领作用。

（原文发表于《中小学管理》2022 年第 8 期）

第 三 编

扎实推进教育公平

教育公平分为三种：平等性公平、补偿性公平和差异性公平。它们既体现了"有教无类"的要求，也体现了"因材施教"的精神。

教育公平升级换代：
更加关注结果公平与教育质量

教育公平是社会公平的组成部分，也是其他社会公平的基石，是实现其他社会公平的重要手段和途径，教育领域的公平应优先于其他领域的公平而得到发展。也就是说，教育公平要优先。而在教育公平中，义务教育阶段的公平要优先。义务教育阶段的公平不仅影响其后学段的教育公平，也影响学生进入社会后的社会公平。

改革开放以来，我国义务教育发展迅速，推进教育公平成就显著，成为国际社会的典范，"有学上"的问题已经解决，但是，"上好学"的问题依然严峻。

过去，我国开展了义务教育发展基本均衡县（市、区）督导验收，重点关注办学条件、教育经费、师资队伍方面的均衡。从 2019 年起，我国开始开展义务教育发展优质均衡县（市、区）督导验收，这意味着，我国义务教育开始追求"有质量的教育公平"。这是新时代提出的要求与挑战。21 世纪的全球化、信息化和知识经济，我国的现代化强国建设目标与国家崛起后所面临的激烈国际竞争，以及进入新时代后人民群众对于美好生活的向往、对于"上好学"的渴求等等，都要求教育公平"升级换代"。低水平的、"瓜菜代"的教育公平不能应对时代挑战。实际上，教育公平与教育质量是内在地联系在一起的，离开教育质量谈教育公平没有实质意义。教育公平问题的本质是质量差距问题，推进教育公平，就是要缩小区域、城乡、校际"教育质量差距"。

教育公平升级换代、追求有质量的教育公平，要求更加关注教育结果公平。教育公平的目标是打破阶层固化、阻断贫困代际传递、促进向上社会流动，为实现这个目标，只强调投入公平和过程公平是不够的，必须同时强调结果导向的教育公平，甚至后者更为重要。

深刻、准确地理解教育结果公平，必须明确回答以下几个问题。

第一，什么是教育结果？我们需要从教育对于人的社会地位获得的视角，重新界定教育结果的内涵与外延。教育有两个结果：（1）直接结果，即教育所培养出来的"学生素质"；（2）间接结果，即学生素质对于学生未来社会地位的影响。有个问题至关重要：什么样的直接结果会使间接结果最大化？即什么样的学生素质最能促进学生的地位获得与向上流动？

过去甚至当前的中小学教育，尤其是某些区域的中学教育，过于追求中高考的考分，学生的发展是片面的，是缺乏后劲的。这种做法有利于学生未来的社会地位提升吗？未必。从促进向上社会流动的角度看，我们要更为关注有利于学生未来社会地位提升的素质，而不只是或者不主要是"会考试"的素质。也就是说，应该根据教育的"间接结果"倒推需要什么样的教育的"直接结果"即学生素质。

根据社会学理论，一个人的社会地位由其收入、权力、声望构成。把学生培养成"考试机器"，并不利于学生漫长的一生中社会地位的持续提升。只有考出高分的能力，没有很强的综合素质，很难应对复杂多变的社会环境与人生历程。教育和教育公平要为人的一生的持续发展与地位提升做准备，而不是只为中高考这一时做准备。有质量的教育公平意味着教育要充分开发人的潜能，发展人的能力，促进人的全面发展与个性发展，最后让人过上美好生活。这种教育公平，才是真正以人为本、以人民为中心的。

第二，教育结果"公平"就是教育结果"平等"吗？不是。对教育结果公平最大的误解，就是要求教育结果一样，让学生都考出同样的分数，都达到同样的发展水平。平等意味着数量上的均等与"一样"，但并不对这种差别是否"合理"进行价值判断。而公平的本质是合理性，有时候平等是公平的，有时候不平等才是公平的。教育结果公平不是指结果一样，即便起点平等过程平等，因为学生的能力和努力程度不同，最后的结果即学生素质的发展水平肯定也是不平等不一样的。2018 年联合国教科文组织统计研究所发布的《教育公平测量手册》明确指出，从来没有任何社会能让每一个人的学习结果完全一样。例如：同样的起点与过程，因为能力与努力程度不一样，有的学生考上了北大清华，有的没考上，他们的教育结果是不一样不平等的，但却是公平的。

第三，教育结果肯定是不同的，但是如果差异很大，公平吗？答案是否定的。差异很大本身就说明公平度不高，需要政策的有力干预。教育结果公平不等于结果一样，但是可以指"让所有学生在发展水平上都达到基本标准"，达到这个标准就意味着将来在就业、晋升等方面能把握机会。高质量的教育结果公平意味着"提高基准，缩小差距"。

第四，即便教育结果差异不大，如果都是低水平的，就公平吗？答案也是否定的。国外有研究从统计学的视角论述教育结果公平，认为教育结果公平意味着：（1）提高学生发展水平的"平均值"；（2）减少学生发展水平的"方差"或者"差异"；（3）消除学生发展与他们的社会背景的"相关性"，"在此意义上，减少教育不平等与提升教育质量是内在地连为一体的"。在知识经济时代，必须"大幅提升最低素养基准"，否则，未来在劳动力市场、社会生活等方面的"最低限度的机会均等根本无法保证"。"尽管学生发展水平的差异依然存在，但是学校必须达到这个最低标准。"①

水涨船高，提高教育质量，追求结果公平，要求提升教育基准。这个基准不能只有考试分数。现在是 21 世纪，我国教育要积极应对全球化、信息化和知识经济的挑战，顺应世界范围内的核心素养潮流，培育学生的 21 世纪核心素养，如创新创业能力、批判性思维、社会与公民素养、交流与合作能力（也包括跨文化、跨国界交流与合作）、自我发展与自我管理能力、信息素养等。只有具备了这些核心素养，个体才能具有足够的灵活性、适应性、竞争力，才能更好应对 21 世纪的挑战，才能更好地在社会上打拼，不断提升自己的社会地位。

总之，在考虑教育结果公平问题时，我们既要想中高考这一时，更要想学生未来的工作和生活这一世，要给予学生比分数更重要的、时代所需的素养。这就需要我们摒弃传统的教育质量观，不以分数论英雄，不把教育质量简单等同于分数。

（原文发表于《中小学管理》2019 年第 11 期）

① Hutmacher W, Cochrane D, Bottani N. In pursuit of equity in education: using international indicators to compare equity policies [M]. London: Springer, 2001: 14.

深究"机会均等"：
实质机会比形式机会更重要

对"不能让孩子输在起跑线上"这种观点，社会上曾有过讨论。有人认为，人生是一场长跑，教育不要太急功近利，学校和家长对教育、对孩子都要有平常心。这话，听起来有理，说起来也轻巧，但未必能纾解家长的教育焦虑，未必能阻止家长给孩子过度补习，未必能减轻学生的课业负担。常识和现实都告诉人们，尽管人生是长跑，但起跑也很重要，人生充满竞争，有时一步跟不上，往往步步跟不上。

人生是个竞技场，对一个人而言，主要的人生竞争是升学、求职、晋升三者。升学主要涉及中考、高考，是为了读个好高中或者好大学；求职涉及初次就业和工作转换，是为了得到好工作、好收入；晋升涉及职务晋升、职称晋升、荣誉奖励等，是为了得到社会认可和自我认可，当然也涉及收入增加等。一个人的社会地位提升和自我价值实现，往往与升学、就业、晋升息息相关。

与升学、求职、晋升等相关的利益，我称之为"竞争性利益"；与之相对的是"普惠性利益"。前者需要通过竞争而获得，靠的是"能力+努力"；后者则不需要竞争，与能力和努力无关。比如：在我国，适龄儿童都能享受免费的义务教育，就属于政府提供的普惠性利益。普惠性利益的分配结果是平等的，体现了政府对于义务教育适龄儿童的"平等关切"与"平等对待"，但是竞争性利益的分配结果是不平等的，好学校、好工作、好职位、好收入的数额是有限的甚至是极少的。以高考为例，最后只有极少数学生能考上北大清华，而大多数人与此无缘。这个结局显然是不平等的，但是社会各界包括考生大都认为是合理的，是公平的。

之所以认为高考是公平的，是因为每个人参与竞争的"机会平等"：其一，每个考生都可以自愿选择报考学校，报考北大清华的机会人人均等，没有任何歧视；其二，北大清华的招生与录取程序公正无私，不问家庭背景贫富贵贱，严格按照成绩高低录取。

如果做到了这两条，那么尽管很多考生没有报考北大清华，或者报考后落选了，公众和考生都认为这个"不平等的结果是公平的"，其原因在于"过程是平等的""机会是均等的"。大家愿赌服输，不能怨天尤人，要怨也只能怨自己能力不足、努力不够。

但事情似乎并不是那么简单，我们再追问一句：如果再进一步分析一下北大清华的录取情况，如果考取者基本都来自城市地区的中上家庭，农村地区、城市底层的家庭子女寥寥无几，这种结果还公平合理吗？此时，我们可以肯定地说，不论竞争机会与过程多么平等，这个结果也是不公平的。竞争性利益不能人人都得到，肯定是不平等的，但是可以分为合理的和不合理的，亦即公平的和不公平的。参与竞争的"人人机会平等"，有时候会成为"不公平的不平等"的辩护词与遮羞布。此类貌似公平的不公现象，在社会上大量存在。

所以，只是给考生提供了报考北大清华的平等竞争机会是不够的。如果他们在报名和考试时，尽管既不笨也不懒，但是由于家境贫寒（没有财力参加各种社会补习）、由于原来就读学校教学质量不高（当地就没有好学校），他们明显没有竞争力而不敢报考，或者报考后竞争失败，这种结果对于这些学生的人生显然是不公平的。社会和教育所提供的参与竞争的机会平等只是"形式机会的平等"，即形式上的机会平等，形式上、表面上没有问题，但是掩盖了实质性、深层次的不公平。因此，社会和教育应该提供的是"实质机会的平等"，即提供充分的条件，让学生在参与竞争前就在能力方面做好准备，让他们能够打有准备之仗，这是政府的责任，政府需要提供"公平的早期教育"。学生不分贫富，都接受同样的早期教育，这样将来参与各种利益竞争时，才会实质性地真正站在同一条"起跑线"上。如同美国学者斯坎伦所言："在中小学教育方面，如果富人孩子的学校比穷人孩子的学校要好得多，从而使富人孩子能够在高等教育的竞争以及随后的职业竞争中占据主导性的优势地位，那么不平等就会是一个严重的问题。……如果穷人的孩子接受了富人的孩子所拥有的那类教育，那么他们在竞选优势职位时将会是具有同等竞争力的候选人。"①

学生首先遇到的人生竞争，或者说第一个人生大考是中考。因此，本文所说的"早期教育"指的是中考以前的教育，包括初中、小学、幼儿园三个阶段的教育，这三类教育都应该具有普惠性与公平性，不分城乡贫富，质量要均衡相当。

总之，只强调"竞争环节"的人人机会平等是不够的，需要把机会平等延伸到竞争之前的"准备环节"。机会平等不应该只是"形式平等"，而应该是"实质平等"。而实质机会平等的实质，是政府提供"公平的早期教育"。基础不牢，地动山摇，公平的早期教育是人一生参与各种利益竞争的基础，也是一个正义

___

① 斯坎伦. 为什么不平等至关重要［M］. 北京：中信出版集团，2019：77.

的社会应该提供的最为重要的基本公共服务。至于何为早期教育的公平，笔者将在下一篇文章《社会竞争需要什么样的早期教育公平》中进一步讨论。

（原文发表于《中小学管理》2020 年第 5 期）

社会竞争需要什么样的早期教育公平

　　社会充满竞争，对一个人的一生而言，主要有升学、求职、晋升三类竞争，升学竞争也是社会竞争的组成部分。竞争是为了获得好学校、好工作、好职位等重要利益，这些利益属于"竞争性利益"。竞争性利益的设立，以及人们对于此类利益的追求，形成了社会的激励机制，有利于鼓励人积极向上、激发社会活力。这个世界上确实有极少数人刻苦学习、努力工作、持续奋斗，主要不是为了这些"外在"的东西，而是出于兴趣爱好，或者为了理想志向，只是"顺带"在竞争中胜出并获得了这些利益，这些利益只是"附带产品"，利益的获得者虽然并不拒斥，但也不是特别在意。但如此清高者毕竟少之又少，对于绝大多数人而言，竞争性利益构成其根本利益与长远利益，芸芸众生对此往往孜孜以求，有人甚至为此不择手段、违法乱纪。

　　竞争性利益属于稀缺资源，必须在公平的前提下进行分配和获取，亦即社会竞争必须是公平的竞争：其一是竞争机会要均等，不排斥不歧视任何人参与竞争；其二是政府为每个社会成员提供"公平的早期教育"，使所有学生为将来参与激烈的社会竞争做好充分的准备，奠定坚实的能力基础，让他们能实质性地把握住竞争机会。我们只强调"竞争环节"的机会均等是不够的，更要强调竞争之前的"准备环节"的机会均等。准备环节就是早期教育，公平的早期教育是人一生参与各种利益竞争的基础，也是社会公平的基石。

社会竞争需要什么样的早期教育公平？对此，需要关注以下几个关键问题。

第一，此处的早期教育是指什么？学生首先遇到的社会竞争是淘汰性的中考，初中毕业之前的幼升小、小升初没有淘汰性考试，所以本文所说的"早期教育"指的是中考以前的教育，包括初中、小学、幼儿园三个阶段的教育，这三类教育都应该具有普惠性与平等性，不分城乡、贫富，质量要均衡相当。早期教育公平在人的升学、就业、晋升的竞争中，发挥基础性、决定性作用。早期教育属于普惠性利益，普惠性利益不是竞争性与淘汰性的，应该惠及人人。

我国教育界曾经讨论过一个问题：如果要把九年义务教育延长为十二年，那么是把三年学前教育还是把三年高中阶段教育纳入进来？从社会正义与教育公平的视角看，无疑应该把学前教育纳入义务教育，因为对于推进教育公平和社会公平，学前教育比高中教育更有价值。早期教育的均等化提供要越早越好，是否受过学前教育对于学生的学业成绩有很大影响。PISA 2012 针对 15 岁学生所做的调研表明，没接受过学前教育的学生与接受过学前教育的学生相比，其学业表现更差，以至于有的学者认为推进社会公平，学前教育比中小学教育更重要，如瑞典著名学者胡森认为：学校可以成为实现平等的主要角色的说法，也显得不够真实，应该把这一作用让学前教育机构来发挥。

第二，早期教育公平是什么样的公平？竞争性利益分配的主导原则是差异原则，强调基于能力的自由竞争，利益分配的结果是不平等的；普惠性利益分配的主导原则是平等原则，强调对弱势群体的平等关切，强调的是同样、一样。早期教育属于普惠性利益。在早期教育公平中，平等原则首先强调的是教育机会平等，是指儿童平等地享有接受早期教育的机会，包括教育的起点平等和过程平等。起点平等即入学机会平等，儿童都有机会进入同样质量的教育机构；过程平等是指在教育过程中儿童都受到同样的对待。平等原则并不要求儿童发展水平的"结果平等"，并不要求儿童都能得到一样的分数，这是不可能的也是没必要的。但是，从国际上看，平等原则越来越对教育结果和教育质量提出更高的要求，要求满足改善教育结果、提高教育质量的基本标准，并要求所有的学生都达到这一基准。因此，机会均等包含"教育基准平等"的含义，即尽管学生的学习结果有差别，但所有学生都要达到基准，这样才能真正为其提供将来在升学、就业、晋升等方面参与竞争的实质机会。

需要注意的是，除平等性公平外，早期教育公平还包括补偿性公平和差异性公平。补偿性公平要求对社会经济地位处境不利儿童予以补偿，补偿的本意，是更好地促进"教育平等"。差异性公平关注儿童自然条件的差异如先天禀赋或缺陷，进行差别化的普惠性利益分配，比如特殊学校的生均拨款高于普通中小学。这种分配是不平等的，但是公平合理的，体现的是"平等关切"（equal concern）或"同等重视"。总之，在早期教育公平中，平等原则是主导性原则，补偿原则与差异原则是辅助性的，是为平等原则服务的。

第三，早期教育培养什么素质才能有利于学生一生的社会竞争？当前，升学、就业、晋升三类主要社会竞争所需要的素质有严重的"割裂"甚至"断裂"现象，在素质要求上三者并不一致，例如中高考侧重知识点的记诵，求职面试看毕业院校和口头表达能力，职场晋升看工作绩效、创新能力、合作能力等，类似铁路警察各管一段，实际上应该前后贯通。

早期教育要立足长远，即立足个体未来的职场晋升、职业发展、向上流动、自我实现最需要什么素养，去确定具体的培养目标。在职场中，任何一个单位都喜欢聪明（工作中善于创新）、温暖（善于团结合作）、有实绩的员工，这样的员工最容易获得晋升，这些品质与能力是最重要的素养。当前我们的教育过于急功近利，太注重纸上谈兵的知识记诵与考试分数，包括早期教育在内的整个中国教育，都需要脱虚向实，注重学习者关键能力的培养。从幼儿园开始，我们就应该立足社会竞争与时代需要，改进培养目标和教育内容；也应该大力改革考试评价制度，从考知识向考能力转变，消除唯分数、唯升学之顽瘴痼疾。

（原文发表于《中小学管理》2020 年第 6 期）

教育的补偿性公平：让教育惠及穷人

　　穷人的日子不好过，古今中外概莫能外，遇到天灾人祸，雪上加霜，会更加艰难。贫穷让人感到没有面子没有尊严，让人失去参与经济活动和政治活动的平等机会，甚至让拥有平等受教育机会成为空想。更为可怕的是，贫困往往会代际传递。社会与贫困做斗争、阻断贫困代际传递的关键举措有两个：一个是税收，政府通过向富人征税（尤其是通过累进税和遗产税）、向穷人进行税收再分配（主要是提供基本公共服务和社会救济等），缩小贫富差距；另一个是教育，政府提供优质公平的义务教育，为所有孩子尤其是穷孩子提供能提升其日后生存与发展竞争力的教育机会，为穷孩子将来的就业、晋升夯实能力基础，不让穷孩子输在起跑线上。

　　让教育惠及穷人，是国际减贫政策的关键举措。而要做到这一点，就必须在教育资源分配上，对穷孩子予以补偿性的倾斜。

　　为什么需要补偿？本文仅以几个案例来说明。自 2020 年 2 月 17 日各地中小学广泛开展在线教育以来，"停课不停学"缓解了新冠疫情对教育的冲击，使学生不至于荒废学业，但也出现了不少问题，其中之一就是城乡差距凸显。农村地区电信基础设施薄弱，偏远山区移动通信设施覆盖面有限，农村学生在集中使用手机或互联网时容易出现拥堵、卡顿等问题，有些学生为了学习不得不翻山越岭找信号，有些贫困家庭的孩子甚至没有手机、电脑等学习必备工具。这些孩子与城区孩子相比，既"不笨"也"不懒"，学习的热情甚至可能"更高"，但就是因为生在农村，就是因为家里穷，而不能与城里的孩子一样享受平等的在线教育机会。穷孩子是无辜的，这不是他们的过错。

在此情境下，为促进教育公平，政府就有责任投入资金，改善农村地区电信基础设施条件，并为贫困学生提供手机、电脑等学习必备工具。这种资金投入，是向农村学生尤其是农村贫困学生倾斜的。这种资源配置，城乡是不一样的、不平等的，但却是公平合理的，这就是教育中的补偿性公平。

教育公平分为三种：平等性公平、差异性公平和补偿性公平。教育机会均等是教育公平的首要要求，平等原则是教育公平的首要原则。但由于地理位置和家庭经济状况的影响，就像上述例子所呈现的，学生并不享有实际的教育机会平等。

补偿性公平关注学生社会经济地位的差距，并对处境不利学生在教育资源配置上予以补偿，简而言之，就是给予贫困学生更多的资源，如对贫困学生实施资助等。这些资助并不给予其他学生，这种做法不是一视同仁的，显然是不平等的，但大家却都认为是公平合理的。

全面理解补偿性公平，要关注以下几个问题。

第一，为什么要补偿？补偿性教育政策是各国推进教育公平的主要政策。补偿是为了缩小社会经济地位差距导致的教育差距，是为了教育机会更加平等。补偿是不平等的，但这种不平等恰恰是为了更平等，所以是公平合理的。只有为了平等的不平等，才是真正公平合理的。平等是现代社会最根本的价值追求，教育机会均等是基本人权，体现了社会对所有成员的"不偏袒性"和"非歧视性"。我国法律规定，公民不分民族、种族、性别、职业、财产状况、宗教信仰等，都享有平等的受教育机会。

一个人没有办法选择自己的出生地和出生家庭，比如有三个孩子，一个出生在偏远山区的贫困家庭，一个出生在县城的小康之家，一个出生在大都市的富贵家庭，他们的生活环境和教育条件有天壤之别，但是他们对于自己的出生无从选择，纯属"偶然"。从这个意义上讲，人一生下来其现实地位就是不平等的。但是，一个公正公平的社会不能让这些"偶然"因素决定一个人的一生，应该采取积极的公共政策去"对冲"和"抵消"家庭社会经济地位对于个人受教育机会和未来发展机遇的负面影响。补偿性公平政策就属于此类。

第二，对谁补偿？一般而言，谁处在弱势地位，谁受到歧视，谁就应该得到补偿。从国际上看，少数族裔、移民、农村居民、女性、贫困人口等被作为补偿对象。由于少数族裔、移民、农村居民、女性等群体遇到的问题，最后都集中反映在贫困问题上，所以补偿的对象也聚焦在贫困人口。在我国，教育补偿主要针对城市与农村的贫困学生。需要注意的是，贫困学生不只是农村有，城市也有，我们往往忽视了后者。义务教育的"两免一补"属于典型的补偿性公平政策，但当前的"两免一补"政策主要针对农村，今后可以改进，把城市贫困家庭学生也纳入进来。

第三，补偿什么？缺什么，补什么。穷孩子缺什么？（1）缺钱。"两免一补"主要解决这个问题，但是需要补的显然不只是钱。（2）缺健康。贫困学生因为生活拮据，健康状况往往不佳，向农村义务教育学生提供免费的营养午餐，就是为了提升学生健康水平。（3）缺良好的学校条件。针对这个问题，我国除了有直接针对学生的补偿，还有针对区域和学校的补偿性政策，如加大对中西部和民族地区、边远地区、贫困地区的转移支付力度，在财政拨款、学校建设、教师配置等方面向农村倾斜，实行乡村教师收入分配倾斜政策，"特岗计划"优先满足贫困县的需要，"国培计划"优先支持贫困县乡村教师校长培训等，这些都是为了给学生尤其是贫困学生在校学习提供更好的硬件条件和师资条件。（4）缺升学机会。现在，我国高校招生向农村和贫困地区学生倾斜，城市优质高中招生实施"校额到校"政策，都是旨在增加弱势群体接受教育尤其是优质教育的机会。（5）缺关爱。贫困学生，尤其是一些特殊的群体如留守儿童、农民工随迁子女，与一般学生相比，往往存在一定的心理问题，需要给予更多的关爱。

解决上述前四个问题，主要是政府的责任。但是对于推进补偿性公平，学校与教师也可以大显身手，因为贫困学生往往更缺他人的关爱。正是在这一点上，每一位教师都能够大有作为。

贫困学生往往自卑而敏感，教师不要只关注他们的成绩，要更加关注他们的心理健康问题，多鼓励多肯定他们的努力，让他们更加自信自强。例如：对于留守儿童，需要构建家庭、学校、政府和社会力量相衔接的留守儿童关爱服务网络，补偿其父母不在身边所缺失的关爱。再如：城市学校的教师对待随迁子女，除了在教学上要因材施教外，更重要的是要引导随迁子女适应城市生活，要教育城市学生不要侮辱、欺凌随迁子女，促进城市学生与随迁子女的心理融合，缩小他们之间的心理距离。

可见，推进补偿性公平，并不都是政府的事情。在宏观区域层面，政府要为穷孩子提供资金资助、教育条件、教育机会等政策支持；在微观学校和班级层面，每一位教师都要向穷孩子传递关心关爱等温暖的情感支持。每个学校的每个班级都可能会有学生来自贫困家庭（或者单亲家庭等等），这些孩子最缺的可能不是钱，而是教师的关爱和同学的尊重，每所学校、每位教师都可以为推进教育公平做出重要贡献。

为穷人服务的教育、为穷孩子服务的教育，是最高贵、最有品位的教育。让教育惠及穷人，受益的不只是穷人，而且是整个社会。

（原文发表于《中小学管理》2020 年第 4 期）

关注与推进"差异性公平"

　　差异意味着不一样，既然不一样，还公平吗？公平不就应该是一样的吗？看到"差异性公平"这个词，有些读者难免会生出上面的疑问，甚至会认为这个词本身就自相矛盾。不少人认为，只有为所有学生提供一模一样的教育，才是公平的。其实不然。

　　实际上，公平指的是"合理性"，我们常常说"公平合理"，把公平与合理两个词一起使用。公平与平等不同，平等意味着一样，是一个数量化的概念，是一种事实判断；而公平意味着合理，是一种价值判断。有些情况下，平等（一样）才是公平的，如不论家庭背景贫富贵贱，每个儿童都享有平等的受教育权，教育机会均等、平等、一样，这才是公平、合理的。但在另外一些情况下，差别对待、不一样对待才是公平合理的，例如：与普通儿童相比，应该给予残疾儿童更多的人均教育资源；对于贫困儿童，也应该给予更多的教育资源，以补偿家庭背景不利对其造成的负面影响。因此，教育公平分为三种：平等性公平、差异性公平与补偿性公平。

　　本文关注的是差异性公平，它是遵循"不同情况不同对待"原则，根据受教育者的先天禀赋、身心缺陷、不同需求等具体情况区别对待，"精准提供"的差异性教育服务。此时教育资源不是平均或平等分配的，而是"差异性"供给的，但却是公平合理的。

差异性公平的实质是因材施教，正视个体的差异性，放弃对教育同质性的追求，主张人人都要接受适切的教育。教育资源配置的差异原则要求提供多样性的教育，包括多种类型的学校、多种类型的课程甚至多种类型的课外活动。

差异性公平具有重要意义。只有提供差异性的教育，只有因材施教，才能促进学生的个性发展，才能达成高质量的教育。因此，要实现"有质量的公平"，必须以差异性公平为基础，差异性公平有助于同时推进"提高质量"与"促进公平"两个目标的实现。差异性公平要求摒弃"提供整齐划一的同质性的教育才是教育公平"的陈腐看法，承认差异、尊重差异，提供多样化的教育资源，满足学生的兴趣爱好，促进学生个性和创新能力的充分发展。

教育的差异性公平要求基于学生先天禀赋或缺陷、能力差异等，提供差别化的教育。以义务教育为例，这种差别化的教育具有不同的层次，体现在从大群体到小群体最后到个体的差异。

首先，针对大群体差异，提供不同类别的教育，即提供特殊教育、英才教育和普通中小学教育。这三类教育的对象分别是残疾儿童、英才儿童（即一般所讲的"神童"）、普通儿童。2019 年中共中央、国务院颁布的《中国教育现代化 2035》要求推进适龄残疾儿童少年教育全覆盖，全面推进融合教育，促进医教结合。英才教育对于国家创新发展、对于提升国家核心竞争力具有战略意义，与欧美国家相比、与韩国和新加坡等亚洲国家相比，我国的英才教育非常落后，亟待发展（参见《教育的彼岸（二）：培育现代人》一书中的《英才教育势在必行》一文）。普通儿童是指残疾儿童和英才儿童之外的儿童，数量巨大，对于此类儿童提供的就是普通中小学教育，也是本文最为关注的。

其次，针对小群体与个体，提供更有针对性的差别化教育。就普通中小学而言，学生差异性很大：有小学生、初中生、高中生，年龄特征与心理特征不同，具有阶段性差异；有学优生、中间生、学困生，知识基础与学习能力有显著差异；即便是学业成绩相同的学生，还有不同的兴趣爱好、性格特点等差异。这些差异要求精准提供教育服务，既要求教师在课堂上根据学生不同特点精准实施教学，也要求学校的课外教育做到因材施教，提供丰富多彩的课外活动、兴趣小组、社团活动，让学生根据兴趣爱好进行个性化自主选择。

在普通中小学有效推进差异性公平、实施差别化教育，还需要重点关注以下问题。

第一，树立正确的质量观。因材施教只是一种手段，也有可能被用于服务错误的目标，如某些学校为追求升学率而把因材施教用到极致，只为某些成绩好的学生提供个性化服务。差异性公平、差别化教学等，应该服务于促进学生全面发展，用于培养学生的核心素养。

第二，解决大班额问题。在班额大的前提下，教师的教育教学很难做到因材施教。2010 年 OECD 国家（指发达国家）小学和初中平均班额分别为 21 人和 23 人。教育部教育事业统计数据显示，截至 2018 年底，我国义务教育阶段共有班数 375.49 万个，其中 56 人以上的大班额有 26.5 万个，占总班数的 7.06%；66 人以上的超大班额有 1.87 万个，占总班数的 0.5%。随着城镇化的快速发展，"城镇大班化、乡村空校化"的两极分化态势加剧，我国化解大班额依然任重道远。

第三，给教师减负并加强教师能力建设。因材施教的前提是研究学生、了解学生，但是当前教师非教学事务繁多，相关部门必须把教师从这些事务中解放出来，让教师能聚精会神于教学主业，让教师有时间去研究和了解学生，为因材施教提供最基本的时间保障。同时，要提升教师因材施教的能力，改进教师培训内容，优化教研内容，让教师在备课、上课、评价等不同的教学环节，学会因材施教的操作性技能。

通俗而言，差异性公平的总体要求就是"把因材施教进行到底"。而因材施教是有条件的。政府、学校、教师都要承担起各自的职责，真正把因材施教进行到底。

（原文发表于《中小学管理》2020 年第 2 期）

推进教育公平要聚焦弱势群体

深秋初冬时节，落叶飘飘。世界上没有两片叶子是一模一样的。芸芸众生亦然，人生境遇千差万别。国外有一本书叫《不平等的童年》，讲的是出生于不同家庭的孩子，得到的家庭教育与学校教育存在巨大差距，得到的关爱与支持存在巨大差距，这些孩子长大以后所处的社会阶层也大不相同，令人感慨万千。① 我国也有一本类似的书叫《不一样的童年》，其副标题为"中国农民工子女调查报告"，描述了留守儿童和流动儿童的生存与发展困境。②

一个人出生在什么样的家庭，有着太多的运气成分。实际上，人不仅生来就是不平等的，更可怕的是，这种差距和不平等还会代际传递。包括教育政策在内的公共政策的一个重要目标，就是要减少甚至抵消家境差距对于教育差距的影响，缩小甚至消除教育差距，让来自不同家庭的孩子都接受公平的教育，让穷孩子也有向上流动的实质机会，阻断贫困的代际传递。

本文所关注的弱势群体，主要是指那些出生运气不佳的儿童群

---

① 拉鲁. 不平等的童年 [M]. 北京：北京大学出版社，2010.

② 王开玉. 不一样的童年：中国农民工子女调查报告 [M]. 合肥：合肥工业大学出版社，2007.

体，他们有的生在农村贫困之家，有的尽管生在城市但家境贫寒，有的是随迁子女随父母在城市漂泊，有的是父母进城打工自己在农村留守，有的出生就身体残疾，有的出生就智力低下，等等。这些弱势儿童群体具有共性，那就是相对于常态群体而言的"弱势"特征。因此，教育公平首先要求给这些弱势群体提供与其他群体同样的教育，做到"平等性公平"；同时，还要根据每个弱势群体的独有特征，提供补偿性或差别化的教育，做到"补偿性公平"或"差异性公平"。

针对弱势群体与其他群体的平等性公平

一个残酷的事实是，人生下来就是不平等的，而且长大以后所读大学、收入水平、社会地位都是不平等的，也就是说不论人生的起点还是人生的结果都不平等。既然如此，何谈"平等"？何谈"平等性公平"？

首先，教育平等既是道德意义上的人权，也是明确规定的法定权利。《世界人权宣言》（1948 年）宣称：人人生而自由，在尊严和权利上一律平等。一切人权都源于人与生俱来的尊严和价值。即便是穷人，也具有与富人一样的人格尊严，不容侮辱与亵渎。2018年修订后的《中华人民共和国宪法》规定，"中华人民共和国公民在法律面前一律平等。国家尊重和保障人权"，其中"受教育的权利"被列入基本人权。

道德意义上的人权或宪法规定的权利，看似宏大缥缈，难以落地，实则不然。这些权利并非只有原则性而没有可操作性。在学校里，在班级里，师生不对权贵子弟高看一眼，不对穷孩子有歧视性态度，不给肢体残疾孩子起侮辱性外号，不嘲笑随迁子女的外地口音，对所有的孩子都一视同仁，都予以同等的尊重，这就是实实在在的平等性公平。

其次，教育平等是指受教育机会的平等。1995 年颁布的《中华人民共和国教育法》规定："公民不分民族、种族、性别、职业、财产状况、宗教信仰等，依法享有平等的受教育机会。"比如上述几个弱势儿童群体，不论如何弱势，都拥有与其他儿童群体同样的接受义务教育的机会。因此，平等不是指结果的相同，而是指机会的均等。只要受教育机会均等，即便由于个人天赋与努力程度不同而最后的结果不同，比如成绩高低不同、收入存在差距、社会地位迥异等，也是公平合理的。

要做到教育机会均等并不容易。就我国义务教育而言，机会均等并不只是意味着人人"有学上"，还意味着人人"上好学"，意味着获得优质教育的机会均等。要做到这一点，就必须消除区域间、城乡间、学校间的教育差距，办好每一所学校，让每一所学校都成为优质校。

当前我国的城乡教育一体化政策、城市内部的学区制改革与集团化办学等，都是为推进义务教育机会均等采取的重要举措。简而言之，义务教育阶段的教育机会均等就是穷孩子和富孩子都在同样的学校就读，都接受一样的教育，做到义务教育公共服务均等化，而不是富孩子上优质学校、穷孩子上薄弱学校。

此外，推进针对随迁子女的教育机会均等，还需要进一步完善异地中考和高考制度，让随迁子女享有与城市户籍儿童同样的接受城市高中阶段教育的机会，以及同样的参加流入地城市中高考的机会。

最后，教育平等是指在教育结果上所有学生都达到同样的"基本标准"即底线标准。我们都知道，不论教育机会如何均等，学生们最后的发展水平与学业成绩都是有差异和差距的，最后的教育结果均等是不可能的。但是，我们依然可以对于结果均等提出要求，即要求所有同类学生都达到同样的"基本标准"，比如在普通中小学就读的学生都达到针对普通中小学学生的"学业质量基本标准"，在特殊学校就读的聋哑学生都达到针对聋哑学生的质量基本标准。为什么要达到同样的基本标准？因为只有达到这个标准，学生将来才能更好地适应社会，更好地就业与生活。这个基本标准不是随便设定的，是根据社会对于人的素质的客观要求而确定的。

随着社会发展对于人的素质的要求越来越高，教育"基本标准"也会水涨船高。有人认为，让处于弱势地位的学生都达到严格标准是不公平的，应该对穷孩子、随迁子女、留守儿童等降低学习要求。这种看法实际上是对他们的一种歧视，对他们的低期望是一种无形的偏见，使教育分层成为现实，并复制和强化了社会分层。

当前，我们需要制定国家层面的、能反映时代客观需求的学业质量基本标准，并不断提高这个基本标准，同时要求所有学生都达到相应的基本标准，让每一个学生为未来的社会竞争和工作生活做好充分的准备。教育平等要求学生都要达到基准，缩小差距是达到基准的内在要求。某些学校和教师往往只关注"尖子生"，忽视甚至放弃"学困生"，致使学生成绩差距过大。面向未来，在教育教学中推进平等性公平，更应该关注"底部学生"而不是"顶部学生"，更应该"兜底"而不是"掐尖"。真正具有教育意义的"教育脱贫攻坚"是指让所有的孩子在教育结果上都达到基本标准，超越教育的贫困线。[1]

针对某些弱势群体的补偿性公平

正如幸福的家庭总是相似的，而不幸的家庭各有各的不幸，弱势儿童群体的弱势遭遇并不相同，弱势的成因也并不相同。弱势的成因大致可以分为两类：一类是社会背景特别是家庭背景不同（如贫富差别），另一类是个体自身差异（如残疾与否）。

---

[1]　褚宏启. 教育公平升级换代：更加关注结果公平与教育质量 [J]. 中小学管理，2019（11）：58-59.

我们首先看针对儿童所处的社会背景，所采取的补偿性公平政策。补偿性公平要求对处境不利者予以补偿，给予其更多的教育资源。"给予更多的教育资源"显然是不平等的，但却是公平的合理的，补偿的目的在于，让不足与恶劣的社会环境因素尤其是家庭环境因素，不对学生发展造成负面影响。补偿是不平等的，但这种不平等恰恰是为了平等，是为了缩小社会经济地位差距导致的教育差距。补偿性公平是对平等性公平的强化与超越，正因如此，补偿性教育公平政策也就成为各国推进教育公平的主要政策。①

针对不同的弱势群体，补偿性公平的政策与举措并不相同。只有做到各有侧重，才能做到精准补偿。

第一，针对贫困生的教育补偿。贫困生即城乡家庭经济困难学生，其家庭经济能力难以支付他们在校期间学习和生活的基本费用。对于他们的补偿不只是经济方面的，主要包括以下几个方面。（1）资金补偿。通过健全资助政策体系，保障他们不因家庭经济条件拮据而失学。我国的"两免一补"政策属于典型的补偿性公平政策。（2）机会补偿。如高校招生向贫困地区学生倾斜、优质高中招生指标名额下达薄弱初中校等。（3）学业补偿。贫困生中的学困生比例较高，在学业方面，学校和教师需要拿出更多的精力对贫困生予以指导和辅导。（4）身体健康补偿。因为家庭经济条件拮据，贫困生往往健康状况不佳。我国义务教育阶段实行的贫困地区农村学生营养餐项目，就属于此类补偿政策。（5）心理健康补偿。贫困生不仅经济上贫困，往往在心理上也会遇到一定的问题，甚至出现人穷志短的现象，有"等靠要"的消极心态。在教育中，要补齐短板，培养他们自尊自信、健康向上的人生态度。

第二，针对留守儿童的教育补偿。有些留守儿童也属于贫困

---

① 褚宏启. 教育的补偿性公平：让教育惠及穷人 [J]. 中小学管理，2020（4）：61-62.

生，上述对于贫困生的补偿都适用于留守儿童。但是，有的留守儿童不一定经济贫困。留守儿童主要的问题是缺少来自家庭的关爱，因此需要构建家庭、学校和社会力量三位一体的留守儿童关爱服务网络，提升留守儿童与远在异地的监护人的沟通密度与质量，帮助监护人及时了解孩子学习状况与心理状况，帮助留守儿童在家乡的监护人提高家庭教育能力与抚养水平。学校和教师要重点加强留守儿童的心理健康教育，农村寄宿制学校要着力化解留守儿童"寄而难育"的现实困境。关爱留守儿童，不能满足于逢年过节给留守儿童送图书、书包、文具等应景活动，要杜绝"面子工程"和虚假关怀，要给予实质性的精准帮扶，把关爱洒进留守儿童的心田。

第三，针对随迁子女的教育补偿。随迁子女与留守儿童不同，他们是与双亲或者单亲住在一起的，由于父母工作繁忙且家庭文化资本匮乏，随迁子女在接受家庭教育的量与质两个方面皆有不足。随迁子女学校的教师要基于随迁子女的特点开展教学，在教学方式上克服"城市学生中心"取向，既关注随迁子女的学业进步，也关注随迁子女与城市家庭儿童的心理融合，对生活习惯、文明礼仪等薄弱环节进行重点强化，并教育城市学生不要侮辱、欺凌随迁子女。

针对某些弱势群体的差异性公平

补偿性公平主要针对儿童的不利社会处境和不利家庭处境予以补偿，与此不同，差异性公平是指根据学生的个体差异尤其是先天差异（如身体残疾、智力差异等），实行不同情况不同对待。此时教育资源不是平等分配的（例如残疾学生的生均经费更高），但却是合理的公平的。严格讲，差异性公平要求对于每个学生都要因材施教，是面向人人的。本文主要关注针对弱势群体的差异性公平。①

第一，针对残疾儿童的差异性公平。残疾儿童属于典型的弱势群体。与普通儿童相比，针对残疾儿童的特殊教育需要更多的教育资源予以保障，其生均经费应该更高，生师比应该更低，残疾儿童应该得到更多的教育关爱。但残疾儿童的实际教育状况远远不及普通儿童。推进残疾儿童的教育公平，需要做好以下几方面工作。

（1）实现残疾人教育全覆盖。除盲、聋哑和智力落后三类残疾人之外，应将脑瘫、孤独症、多重残疾等残疾人也纳入残疾人教育的保障范畴。（2）不断提升残疾儿童少年义务教育普及水平，重点提高农村地区残疾儿童入学率，并降低农村地区残疾女童的辍学率和失学率。（3）不断提高非义务教育阶段残疾儿童的入学率，扩大学前特殊教育规模，发展中等职业教育，实现残疾儿童少年教育与就业之间的衔接。（4）加大经费投入，解决经费投入总量不足问题，建立健全特殊教育财政投资制度。尽管国家对于特殊教育的经费投入逐年增加，但其增长率较实际需要而言还是偏低，亟待进一步提高，只有如此才能体现差异性公平的要求。

第二，针对普通中小学学困生的差异性公平。学困生即学习困难学生，属于普通学生群体中的弱势群体。某些学校片面追求升学率，往往忽视甚至歧视学困生，这肯定是错误的。但是，即便学校做到对学困生与其他学生一视同仁，也是不够的。应该在学习上给予学困生更多的支持，真正做到因材施教，帮助他们在学习上脱困脱贫。

第三，针对英才儿童的差异性公平。英才儿童俗称"神童"，是指那些与处在同一环境中的同龄人相比，能够表现出高成就或有着取得更高成就潜能的儿童。教育通常是面向大多数学生的，英才儿童为数不多，他们的特殊需要往往被忽视，他们甚至比学困生、

---

① 褚宏启. 关注与推进"差异性公平"[J]. 中小学管理，2020（2）：62-63.

比身心残障儿童更易被忽视，从而沦为真正的"弱势群体"。人们往往更容易同情弱者，往往把英才儿童视为同龄人中的强者，由于一种微妙的对于英才儿童的"羡慕嫉妒恨"的"妒能"心理作怪，人们往往认为满足残疾儿童的特殊教育需求是公平合理的，而满足英才儿童的特殊教育需求则是违反公平合理原则的。这种看法在逻辑上是自相矛盾的。① 英才教育对于国家创新发展、对于提升国家核心竞争力具有战略意义，与欧美国家相比、与韩国和新加坡等亚洲国家相比，我国的英才教育非常落后，亟待大力发展。②

（原文发表于《中小学管理》2020 年第 12 期，收录时有改动）

---

① 褚宏启. 追求卓越：英才教育与国家发展：突破我国英才教育的认识误区与政策障碍［J］. 教育研究，2012（11）：28-35，67.

② 褚宏启. 英才教育势在必行［J］. 中小学管理，2018（8）：24.

推进微观教育公平：班主任能做什么

推进教育公平，并不只是政府的责任，学校和教师都有责任。就教师而言，班主任与科任教师相比，可以做得更多。班主任是中小学日常思想道德教育和学生管理工作的主要实施者。班主任主要承担班级管理之责，与相对抽象的学校相比，班级是更具有实质性教育意义的组织，学生在班级中学习知识、与同学交往、与教师互动，班级是促进学生社会化的重要场所。在班级管理中，班主任发挥主导作用，享有绝对的权威，对于学生的发展具有深刻而持久的影响。对于学生的成长而言，尤其是在学生的全面发展方面，班主任比科任教师发挥着更大的作用。

班级管理的内容非常广泛。2009 年教育部颁布的《中小学班主任工作规定》，确定了班主任的职责与任务，主要有以下五个方面。（1）全面了解、关心爱护、平等对待每一个学生，采取多种方式与学生沟通，促进学生全面发展。（2）做好班级的日常管理工作，营造民主和谐、团结互助、健康向上的集体氛围。指导班委会和团队工作。（3）组织指导开展班会、团队会（日）、文体娱乐、社会实践、春（秋）游等形式多样的班级活动。（4）组织做好学生的综合素质评价工作，评定学生操行，向学校提出奖惩建议。（5）经常与任课教师和其他教职员工沟通，主动与学生家长、学生所在社区联系，努力形成教育合力。

班主任工作中的许多事项涉及实实在在的利益分配问题，如谁来做班干部、如何评选优秀学生、如何排座位、如何给学生写操行评语、家委会成员如何构成等等，这些都关涉学生对于教育公平的感知与评价。而班主任往往在这些问题上拥有决定权，能否做到"一碗水端平"，对于学生的价值观与人生观都会产生深刻影响。生活在班级里的学生，与班主任朝夕相处，接触最多，班主任对待学生是否公平，学生们感受最深。如果一个成年人遭到不公平的对待，会耿耿于怀，会影响工作与生活的积极性，甚至会形成反社会心理，而孩子对于自己遭受的不公平对待会更加敏感。如果一个学生一直受到班主任的歧视，心灵创伤可能一生都难以愈合。从这个意义上讲，在微观的班级管理层面，班主任对待学生是否公平，甚至比政府层面的宏观公平政策还重要得多。

推进班级层面的教育公平，班主任可以重点关注以下几个方面。

第一，推进平等性公平，给每个学生以平等尊重与平等机会。平等权是一种基本人权，只要是人，不分贫富、性别、民族、信仰等，都具有平等的人格尊严。班主任要平等对待每一个学生，在情感上对每个学生都给予同等关切，不能厚此薄彼。也许有人会认为这种基于平等人格的"情感关怀"是虚的东西，其实不然，虚的东西往往是最实的，这种看不见摸不着的东西更为珍贵，对于学生的心灵成长是最为重要的。许多心理疾病的产生不是因为缺少平等的受教育机会，而是因为缺少尊重与关爱。在班级管理中，班主任要尤为关注那些弱势的学生，如家庭经济条件拮据的、随班就读的、学习困难的、来自单亲家庭的学生，在情感上给予他们同等的关爱。这种关爱，不是出于怜悯，更不是为了恩赐，而是源于人人平等的信念。

"平等尊重"不能只是停留在主观情感层面，必须以具体的实实在在的"机会均等"予以强化。机会均等是教育公平政策的最基本要求。在班级管理中，要给予每个学生或家长平等的机会，主要体现在以下几方面。（1）平等的推选权与被推选权。涉及班干部、小组长、课代表的推选，学生评优评先，每个学生都享有平等的权利。班主任不要只根据个人好恶独自决定人选，要通过民主推选的方式，让人人都有推选与被推选的权利，这种程序公正是教育公平的内在要求。班干部、小组长不要搞"终身制"，要轮流担任，让更多的学生获得锻炼的机会。即便某些学生因为能力问题不会被推举为班长，也要给他平等的参与竞争的机会。（2）排座位中的平等权。排座位是一种重要的利益分配过程，要对所有学生一视同仁，不能把好位置留给与自己私人关系好的、来自权贵之家的、学习成绩好的学生。排座位要根据平等的原则进行，要采用定期轮换的排法。（3）学生家长的平等参与权。家长的平等参与权是程序意义上的，但是有利于保护学生的实体性权利。涉及学生利益的事项，班主任应该征求所有家长的意见，以保障所有学生包括处境不利家庭学生的利益都能够得到充分表达。在班级家委会成员的构成上，要体现参与度与代表性，不能只是选择有权、有钱、有闲、高学历的家长担任家委会成员。例如：如果一个班有40个学生，其中一半学生是随迁子女，那么就应该有一半的家委会成员是随迁子女的家长，这样才更有利于保障随迁子女的教育权益。

第二，推进补偿性公平，给予弱势学生更多的资源、更多的关爱。弱势学生主要指贫困学生、随迁子女、留守儿童、单亲家庭子女等，这种弱势不是学生自身原因导致的，主要是由于其家庭背景。这些学生的家庭资本不论是经济条件、文化条件还是教育条件都比较薄弱，对于这些学生，只是给予"平等"对待是不够的，要给予更多的资源与关爱才能对冲不利家庭条件带来的负面影响，才能实现真正意义上的平等。班主任应该给予这些学生更多的关注，在情感上更多一些关心，在学习上更多一些帮助。

　　第三，推进差异性公平，根据学生个体身心差异因材施教。一个班几十个学生，身体状况、智力水平、学习成绩、兴趣爱好有很大差异。对于这些差异，只是给予"平等"对待是不够的，要尊重这些差异，并给予差别性的对待，因材施教，使每个学生各得其所、人尽其才。最好的教育不是千人一面、整齐划一的教育，而是适合每个学生身心发展特点的差异化教育。班主任对于学生的教育，不只是传授知识，更重要的是促进学生的全面成长与可持续发展，同时班主任还要深入研究学生的个别差异，并多与科任教师、家长沟通，更好地促进学生的个性发展。对于自负外向的学生，可以适当使用批评的方式；对于自卑内向的学生，则要以鼓励表扬为主。班主任尤其是中学阶段的班主任，要根据学生的兴趣爱好，加强对于学生职业生涯规划的指导。在班委会推选中，也可选择具有不同性格特点与兴趣专长的学生加入，让每个人的专长都发挥出来，以收到互补之效。

　　班主任还要给予两类极少数特殊学生以特殊的关注。一类是随班就读的轻度残疾儿童，要给予此类学生更多的生活关心、心理关爱与学习支持，并引导其他学生关心支持此类学生；另一类是俗称"神童"的英才儿童，即天生禀赋优异的儿童，他们特殊的教育需求也应该得到满足，这也是因材施教的应有之义。在创新发展成为国家战略的大背景下，对于英才儿童的教育应该纳入我国的政策议程，班主任应该在力所能及的范围内，给予这类学生特殊的支持。

　　总之，推进班级管理层面的教育公平，班主任可以大有作为，而且其所作所为是他人不可替代的。

（原文发表于《中小学管理》2021 年第 11 期）

推进微观教育公平：科任教师能做什么

人们往往认为，推进教育公平是政府的责任，其实不然。推进教育公平不只是政府的事情，每所学校、每位教师都有责任。对于孩子而言，学校和课堂层面的微观教育公平甚至更为重要，这涉及他们的切身感受与实际获得。在学校，孩子主要生活于课堂中，每天给学生上课的科任教师，对于"课堂教学公平"负有重要责任。那么，科任教师到底能做什么？我们可以通过以下几个问题进行检视。

第一，科任教师能"平等尊重"每个孩子吗？平等权是一项基本人权，无关富贵贫贱。科任教师对课堂上的每个孩子都要一视同仁，不厚此薄彼，尊重每个孩子的人格尊严，"同等关切"每个孩子，建立民主平等的师生关系。教师要"一碗水端平"，不能对关系近的、打过招呼的、来自"权贵"之家的孩子就高看一眼，对家里穷的、肢体残疾的、智商低的、学习差的、习惯不好的孩子就嗤之以鼻。科任教师喜欢成绩好的孩子无可厚非，但不能因此就歧视甚至讽刺挖苦成绩差的。科任教师也有自己的性格特点与审美偏好，但是不要因此对学生进行不公平对待，如不要因为孩子的衣着或者长相不符合自己的审美标准而心生厌恶并有歧视言行。孩子的心灵是纯净而敏感的，对教师的知识点讲得对不对可能没有判断能力，但是对教师是否公平往往能精准判断。

第二，科任教师在课堂上能给每个孩子提供"平等机会"吗？我听过一节小学的课，一个坐在第一排的孩子被叫起来回答问题近10次，而其他很多孩子连一次机会都没有。这显然有违平等原则。在教学过程中，学生被提问的机会、发言的机会、全班展示的机会、受表扬的机会，不能只是集中在少部分学生尤其是少数学习成绩好的学生身上，要让每个孩子都有话语权，都有得到锻炼的机会。要给予自卑胆怯的、寡言少语的孩子平等的表现机会与锻炼机会，否则会造成恶性循环。当然，一节课时间有限，不可能每个孩子都有展示机会，科任教师可以进行跨课时的教学设计，做到平均每上几节课，每个孩子都有一次发言机会。

第三，科任教师在课上课下能给予弱势孩子"补偿性教育"吗？弱势学生主要指贫困学生、随迁子女、留守儿童、单亲家庭子女等，这些孩子往往学习成绩不佳，其原因不只与孩子个人有关，更与其家庭背景有关。这些孩子的父母往往忙于生计，没有更多的时间陪伴孩子，没有能力辅导孩子的学业，没有足够财力供孩子读课外补习班，甚至家里没有一张孩子专用的书桌。教师不应歧视甚至放弃这些孩子，尤其是成绩不好的孩子；同时，即使不歧视他们，只是给予他们"平等对待"也是不够的，还要给予他们更多的资源与关爱，要给予他们高于平均水平的"补偿性教育"，这样才能弥补与抵消家庭的不利处境给他们带来的负面影响。教师对这些孩子要做到"特别的爱给特别的你"，要采取更多的措施（如个别补课）提高他们的学习成绩，要让每一个孩子都达到"学业基本标准"，为他们今后的升学与就业奠定实实在在的基础。不歧视，不放弃，一个都不能少，不让任何一个孩子掉队，是每个科任教师应有的专业态度与专业责任。

第四，科任教师能根据个体差异给予"差异性教育"吗？孩子们千差万别，认知能力、认知水平、兴趣爱好各不相同，需要区别对待、因材施教。对孩子"一碗水端平"，不意味着一刀切对待。"一碗水端平"的实质是"同等关切"，补偿性教育、差异性教育恰恰是落实同等关切的具体表现。适合的教育才是最好的教育。整齐划一的教育，即便是高质量的，也不可能适合于所有学生。科任教师在面向全体学生的基础上，要对全班学生予以"细分"，把学生分为不同的类型，甚至尽量关照到"每一个"学生。例如：同样是成绩不好，原因可能多种多样，有的是因为基础差，有的是因为不想学，还有的是因为智商低（例如轻度智障）。教师要分清原因对症下药，基于不同的学习要求，采取不同的教学与评价策略。在个别班级，还有轻度残疾孩子随班就读，科任教师对于此类孩子要给予更多的心理关爱与学习支持。

课堂上的教育公平是最接地气、对孩子最直接的教育公平。这种公平，表面上看是微观公平，加总起来就是整个的宏观教育公平，因此在教育公平问题上，微观与宏观的区分意义不大。推进课堂公平，每个科任教师责任重大。教师教育与教师培训要把教师推进教育公平的素养作为教师专业素养的重要组成部分，加大培训力度。这样，每一堂课才有可能成为"公平而有质量"的课堂，校园才有可能成为真正的乐园。

（原文发表于《中小学管理》2020年第10期）

捍卫考试公平

　　近期若干事件成为社会关注热点：仝卓以伪造应届生身份参加高考，陈春秀高考成绩 546 分却被高考成绩为 303 分的陈艳萍冒名顶替上大学，苟晶的个人身份与高考成绩等被邱小慧冒用，山东查出 242 人顶替他人身份进入 14 所高校就读，昆明一位小学六年级学生凭借对结肠癌的研究获得全国青少年科技创新大赛三等奖，西南交通大学本科生陈玉钰修改成绩获得保研推免资格被保送至中国科学技术大学，等等。这些事件涉及高考、研究生入学考试以及竞赛加分等问题，侵害了考试公平，突破了教育公平与社会正义的底线，引发社会愤慨，甚至让人怀疑：社会是否还有公正？人性到底是善是恶？

　　当下考试类型繁多，不只教育领域有考试，其他领域也有司法考试、公务员考试及各种职业资格考试等等。现代社会是一个"大考社会"（big test society），即"大的考试社会"①，考试在社会生活中几乎无处不在，升学要考试，求职、晋升、获取证书等往往都要考试，教育领域中的考试只是社会诸多考试中的一部分。

　　公平是考试的本质属性与内在要求。考试是为了"择优录取"

---

　　① 斯坎伦. 为什么不平等至关重要 [M]. 北京：中信出版集团，2019：75.

或"择优录用"，如果考试不公平，没有做到优胜劣汰，而是以次充好，考试就失去意义，就完全没有存在的必要。尽管社会上的考试多种多样，但教育中的中考和高考因为考生众多，且关乎考生及其家庭的长远利益与根本利益，属于高利害考试，所以中考与高考的公平问题最受社会关注，中考、高考公平与否牵动千家万户，甚至成为整个社会是否公平的试金石和风向标。

我们在理论上常常反对"一考定终身"，但是就中考和高考对于考生的重要性而言，实际上基本就是一考定终身。中考和高考是教育分流机制，也是教育分层机制与社会流动机制，进入不同的教育轨道，意味着将来进入社会后往往就有不同的收入水平与社会地位。中考后进入重点高中、普通高中、中职学校或名落孙山，高考后进入重点大学、普通大学、高职院校或名落孙山，这些不同教育轨道中的学生，其未来的职业前景是有很大差异的。中考、高考是竞争性考试和选拔性考试，竞争的是优质而稀缺的教育资源与教育机会，关涉学生的一生幸福与全家的未来希望。正因如此，考试公平至关重要。

何为考试公平？最通俗的说法是"靠自己不靠老子"，考试选拔的标准是反映个人能力与努力程度的分数，最后的结果是择优录取。如果考生不是靠自己，而是靠家庭的优势地位、通过非法途径，最后滥竽充数，挤掉他人或者直接冒名顶替取代他人而得到了更好的教育机会，那么就属于考试不公，不仅是对于某个具体的受害人的不公，也是对于整个社会的不公，受害人知情后会极力维权，广大民众会群起而攻之。当然，"靠自己"是指靠自己的真才实学真本事，而不是靠作弊的本事。

谁是这种考试不公的"始作俑者"？是学生及其家长，主要是家长。一般而言，家长都会竭尽全力帮助自家孩子，此为人之常情，无可非议。但是，帮助要合乎法度合乎情理。帮助孩子造假以获得科研奖励使升学考试中可以加分、伪造应届生身份参加高考、冒名顶替他人上大学、造假以得到保研推免资格等，不仅触碰道德底线，也必定为法律与社会所不容。其中，冒名顶替上大学尤为恶劣，属于侵犯考试公平的恶性事件，触犯刑律，应予严惩。

冒名顶替上大学的危害性极大。其一，对受害人危害极大。害人一次，毁人一生。冒名顶替上大学不仅偷走了受害人如陈春秀过去十余年寒窗苦读的学习成果，还偷走了其未来可能拥有的美好生活，使"读书改变命运"的梦想化为泡影，对于受害人造成终生的、无法弥补的伤害。而且，加害人一般不会也不敢去顶替权贵家庭的孩子，所以受害人往往是贫寒家庭的孩子，因此，冒名顶替是典型的"欺软怕硬"之举，使弱势群体的社会处境雪上加霜，更为弱势。其二，对教育危害极大。冒名顶替要被做成，必有教育从业人员参与，有的甚至是受害人的班主任，这些行径严重损害教师与教育的社会形象，把育人变成了坑人、害人，走向了教书育人的反面。其三，对社会危害极大。冒名顶替不仅影响为国选才，而且败坏社会风气。冒名顶替上大学涉及多个环节，以陈春秀案件为例，至少涉及冒领录取通知书、伪造档案、户籍造假、入学报到及资格审查等诸多环节，涉及多个行政管理部门人员共同参与，属于典型的链条式作案与公权力错用，对于党风政风与社会风气影响极坏，严重破坏政府部门的公信力与社会的诚信体系建设。冒名顶替上大学属于"考试之癌""教育之癌""社会之癌"，危害极大，必须根除。

维护与捍卫考试公平，路径主要有二。一是刚性的制度建设，形成考试公平的长效机制。完善考试管理的制度体系，对报考资格审查、编制试卷、试卷运送与保管、监考、评卷、登分、自主招生面试、加分条件审核、录取、入学资格审查等考试运作全过程，予以规范化，并强化监督机制。同时，加大对于严重侵害考试公平案件如冒名顶替上大学案件的查处力度。二是柔性的文化建设，形成维护与捍卫考试公平的社会氛围与价值追求。真正把公平公正作为社会的核心价值观，从我做起，自觉维护考试公平。加强对于学生及其家长的价值引导。家长关心孩子的前途，正确的途径不是在考试上做手脚，更不是冒名顶替偷走别人的人生，而是激发孩子的学习动力、培养孩子的学习能力，让孩子通过合法合情合理的公平竞争去光明正大地获得更好的教育机会。徇私舞弊实际上是害了孩子，当真相大白之时，尘归尘土归土，不法获得的都要吐出来，造成严重后果的甚至还要承担刑事责任。例如，陈春秀案的冒名顶替者陈艳萍及其父亲，苟晶案的冒名顶替者邱小慧及其父亲，都涉嫌犯罪被立案侦查并被采取刑事强制措施，两位冒名顶替者的学历被注销了，工作也丢掉了，到头来竹篮打水一场空。此类教训，每一位家长都该引以为戒。

（原文发表于《中小学管理》2020 年第 8 期）

以城乡一体化思维推进城乡
义务教育整体发展

　　城乡一体化是 2008 年在中共中央《关于推进农村改革发展若干重大问题的决定》中所确定的重要国家战略，也是破解城乡二元结构、促进城乡共同发展、实现城乡基本公共服务均等化的基本思维方式。城乡一体化是指一定区域范围内城市与乡村在政治、经济、文化等方面发展的有机结合，形成以城带乡、以乡促城、相互依存、互补融合、协调发展的新型城乡关系，逐步消除城乡二元结构格局，最后实现城乡共同发展、共同繁荣。城乡一体化的重要表征和重要目标是城乡基本公共服务供给的均等化。基本公共服务是指政府为公民个体生存和发展所提供的基本社会条件，包括教育、就业、社保、医疗卫生、住房保障等方面。义务教育是基本公共教育服务的核心内容。中共中央办公厅、国务院办公厅印发的《关于构建优质均衡的基本公共教育服务体系的意见》，把促进区域协调发展、推动城乡整体发展、加快校际均衡发展、保障群体公平发展作为未来义务教育优质均衡发展的主要任务。在推动城乡整体发展中，要求以推进城乡教育一体化为重点，加快缩小县域内城乡义务教育差距，切实解决城镇挤、乡村弱的问题。

　　本文就如何精准理解城乡教育一体化、如何解决"城镇挤"

"乡村弱"的问题、如何促进城乡义务教育优质均衡发展等问题展开讨论，涉及改变思维方式、扩大供给总量、优化供给结构、提高均等化与优质化水平等方面，旨在为城乡义务教育的优质均衡发展、为构建优质均衡的城乡义务教育公共服务体系提出操作性建议。

以"城乡一体化"为重点推动城乡整体发展

讨论义务教育的城乡一体化与城乡整体发展，"县域内"是一个比较好的空间范围。这里的县域不是指有城无乡的纯粹城区（如北京市的东城区、西城区等），而是有城有乡的县域（如北京市的朝阳区、密云区等）。中国典型意义上的县域是指大量由县城、乡镇、村庄等组成的空间结构。在义务教育方面"推进城乡整体发展"的工作重点，是推进"有城有乡的县域内"义务教育公共服务的均等化供给，是以城乡一体化思维缩小城乡教育差距。

城乡一体化思维是为破解城乡二元结构提出的新发展观，反映了我国新型城镇化进程中对于城乡关系变化的新认识，是破解城乡教育二元结构的重要策略。可以从以下几个方面准确把握城乡一体化的本质要求。

第一，城乡一体化把城与乡作为支撑教育发展的两个共同支点。农村不再是被剥夺的对象，也不再仅仅是被城市反哺、照顾、带动的一个被动、消极的弱者，而是具有自身优势、不可替代的发展主体。[①] 使乡村凋敝的城镇化、不顾及乡村振兴的区域发展，都是病态的、不协调的。城乡教育一体化反对脱离城市或县城教育去鼓励发展乡村教育，反之亦然。城乡教育二元结构是一个关系型、结构化的社会存在，城乡分割、分治的模式不能够破解此二元结

---

① 褚宏启. 教育制度改革与城乡教育一体化：打破城乡教育二元结构的制度瓶颈 [J]，教育研究，2010（11）：3-11.

构。城与乡是支撑城乡教育发展的两个共同支点，不能就城市谈城市、就乡村谈乡村，要树立城乡一盘棋的理念，发挥城市辐射带动优势和城乡之间的关联优势，使城乡资源共享，共赢共荣。① 城乡教育二元结构的思想根源是"重城轻乡"的城市中心发展观和价值论。

第二，城乡教育一体化不是削弱甚至消灭农村教育，不是乡村教育城市化，不是城乡教育一样化。有人认为农村教育是薄弱、落后的，城乡教育一体化就是按照城市教育的模式兴办乡村教育，这是城市中心主义的思维模式。从整体而言，在发展水平上乡村教育落后于城市教育，但不能据此否定乡村学校的特色与优势。乡村学校有丰富的乡土教育资源，有城市学校所不具备的空间条件，有较大的小班化教学优势，而且乡村为学校提供了取之不尽的研学资源与实践资源。

第三，城乡教育一体化要求加大政府城乡教育统筹规划力度，同时思考、一体设计城乡教育的发展问题，大力推进城乡之间的义务教育公共服务均等化。从理论上讲，在资源特别充足的前提下，城乡义务教育可以独立发展，可以都发展到较高的均衡水平，但是这种"隔离但均衡"的发展模式是隔离的、非结构化的，不是城乡教育一体化思维所追求的。政府需要在空间规划、办学用地、办学条件、教育标准、教育制度建设等方面一体考量。城乡教育一体化比城乡均衡发展、缩小城乡差距有更高的要求。例如，要解决城镇挤、乡村弱的问题，就不能城乡分割进行，除了扩大县城教育容量之外，还需要强化优化乡村教育，从而使县城学生回流到乡镇学校，进而疏解县城教育压力。

---

① 余丽红. 关注农村教育发展　提高农村教育质量：中国农村教育改革 30 周年回顾与展望学术研讨会综述 [J]. 中国教育学刊，2009（1）：88-90.

加快城镇学校扩容以解决"城镇挤"问题

县城是大中城市与小城镇的连接点，在我国新型城镇化格局中具有重要作用，是推进城乡义务教育整体发展的关键节点。长期以来，我国非常重视大中城市的发展，对发展小城市尤其是县城重视非常不够，加上城镇化带来的人口向县城集聚，导致县城基础教育资源尤其是义务教育资源严重短缺。我国推进新型城镇化战略，推进基本公共教育服务均等化，县城建设是关键环节。

"城镇挤"主要表现为县城义务教育公共服务供需矛盾尖锐，学校大班额现象严重，教室拥挤不堪，城乡学校呈现出"县城大班化、乡村空校化"态势。尽管国家规定标准班额为小学不超过 45 人，初中不超过 50 人，但是县城学校的班额总体上都不容乐观。班额过大，不利于因材施教，不利于提升课堂教学质量。

县城义务教育人口来自三方面：具有县城户籍的居民子女，在县城就业并定居的农民工子女，不在县城就业的县域内农民子女。前两类是县城义务教育的"刚需人口"，必须在县城就学，第三类是"非刚需人口"，如果城乡义务教育公共服务真正实现了均等化，他们在家门口也可以享受到优质均衡的义务教育服务，他们就有可能回流到乡村学校就读。随着新型城镇化的推进，以及县城基本公共服务水平的提升，与城镇化初期农民工盲目向特大城市、大城市集聚不同，近年来农民工更加理性地选择向中小城市尤其是县城集聚。另外，相对优质的县城教育成为吸引当地农村人口集聚的重要因素，他们即便不在县城打工，也在县城买房或租房陪读，或是每天接送子女进县城走读。上述各种因素，导致了县城义务教育公共服务提供的"城镇挤"现象。

解决县城义务教育公共服务拥挤问题，关键是解决大班额问题。控制班额的思路有两个：在县城内扩容，向县城外疏解。这两点都很重要，需要双管齐下。扩容就是扩大县城内部义务教育学位供给，疏解就是指把县城义务教育中的"非刚需人口"向乡镇学校和农村学校疏解。

县城内的教育扩容，需要重点解决两个问题。

一是教育用地问题。首先，保证"总量够用"。保障县城义务教育用地相对充足，教育部门要与土地管理部门统筹规划县城乃至整个县域教育用地问题。其次，保证"增量合理"。根据义务教育人口变化状况，动态调整教育用地规模。最后，做到"存量盘活"。目前我国国土资源愈益紧缺，要盘活现有校区内的土地资源，做到集约、高效使用。

二是教师数量问题。县城义务教育学校教师短缺，不少学校招聘代课教师上课，这类教师待遇报酬低、工作稳定性差、专业发展不到位，严重影响教学质量。当前，迫切需要解决县城教师的缺编问题，改进县城教师编制的核定方式，尝试以城区、乡村、学校为单位而不是以区域（全县）为单位来核定编制，这样才能切实解决现实问题，才能"精准核定"教师编制。

除县城义务教育扩容外，解决县城义务教育公共服务拥挤问题的另一个举措就是疏解，即把县城义务教育中的"非刚需人口"向乡镇学校和农村学校疏解。而要做到这一点，就需要优先发展乡村教育，解决义务教育"乡村弱"的问题。因为疏解不是强制性的，是自愿性的，需要通过提升办学质量增强乡村学校（包括乡镇学校和农村学校）的吸引力，使农民在当地就可以享受到与县城一样好的义务教育公共服务，不需要再舍近求远送子女去县城读书。而且，基本公共服务的提供有一个基本要求，就是要就近方便提供。可喜的是，这种良性的义务教育人口回流现象近十年已经出现，如江西省弋阳县2014年春季开学时要求从城区学校转到乡村学校的学生占县内转学总量的2%左右，2016

年提高到 20% 左右。①

优先发展乡村教育以解决"乡村弱"问题

在县域内，是优先发展乡村教育还是优先发展县城教育，理论与实践领域都存在争议。有人认为，在快速城镇化进程中，农村就学人口减少是不争的事实，在此情况下还优先发展乡村教育，只会带来资源的浪费。但也有人认为，优先发展乡村教育对于落实国家乡村振兴战略、对于就近与方便提供义务教育公共服务具有重要意义。本文认同后一种看法。

优先发展乡村教育，关键是补齐乡村教育短板，促进城乡义务教育均衡发展。均衡是基本公共服务均等化的基本要求，义务教育公共服务供给首先必须均衡化。尽管改革开放以来尤其是党的十八大以来，我国县域内义务教育均衡发展取得了历史性成就，但是城乡之间、学校之间、群体之间依然存在不均衡现象，因此，推动城乡整体发展、加快校际均衡发展、保障群体公平发展就成为未来县域内义务教育均衡发展的主要任务。

均衡发展的实质是促进城乡义务教育的一体化、公平化。城乡义务教育的公平发展包括三个方面。

第一，推进城乡义务教育的平等性公平。城乡之间义务教育均衡发展的实质是义务教育公共服务均等化，是提供均等、平等的义务教育就学机会，所体现的是"平等性公平"。而实现平等性公平的关键条件是学校建设标准化。城乡之间的教育差距最后都具体表现为学校之间的教育差距，因此实施义务教育学校标准化建设工程意义重大。面向未来，需要进一步完善义务教育学校办学具体标准，推动义务教育学校校舍建设、安全防范建设、教学仪器装备、

---

① 褚宏启，褚昭伟. 我国县城义务教育公共服务的拥挤效应与有效供给 [J]. 教育发展研究，2018（10）：1-6.

数字化基础环境、学校班额、教师配备等办学条件达到规定标准，切实改善办学硬件与软件条件。在县级政府层面，要加快缩小县域内城乡教育差距，优先发展乡村教育，进一步加强寄宿制学校和乡村小规模学校建设，同时还要加快缩小校际办学质量差距，强化优质带动、优势互补、资源共享，为县域义务教育的整体优质均衡发展奠定基础。

第二，推进城乡义务教育的补偿性公平。如果说城乡之间、学校之间义务教育均衡强调的是为所有学生提供均等的入学机会，体现的是"平等性公平"，那么"保障群体公平发展"体现的则是"补偿性公平"和"差异性公平"。补偿性公平是指在配置教育资源时考虑学生的社会经济地位的差距，并对社会经济地位处境不利的学生在教育资源配置上予以补偿。《关于构建优质均衡的基本公共教育服务体系的意见》要求精准摸排孤儿、事实无人抚养儿童、农村留守儿童、困境儿童、特困学生，加强教育保障和关爱保护，还要求大力提高家庭经济困难学生应助尽助水平，确保家庭经济困难学生资助全覆盖，并提升学生资助精准化水平。

第三，推进城乡义务教育的差异性公平。差异性公平是指根据学生的个体差异（而非社会经济地位）区别对待，表现为教育资源配置的差异性。学生的先天禀赋或缺陷以及他们的需求是进行资源分配时必须考虑的因素。不同主体具有不同需求是政策制定时需要正视的一个现实。教育公平要正视个体的差异。教育公平主张人人都受教育（体现平等性），又主张人人都受适切的教育（体现差异性）。需要健全面向全体学生的个性化培养机制，对随班就读残疾儿童、学习困难学生、学优生、心理问题学生、不良行为学生都予以关注，要求加强义务教育阶段特殊教育学校建设和普通学校随班就读工作，健全面向视力、听力、智力障碍和孤独症等各类残疾儿童的特殊教育服务机制；坚持精准分析学情，全面建立学校学习困难学生帮扶制度，优化创新人才培养环境条件；加快学校心理辅导室建设，切实加强学生心理健康教育。

均衡或公平是公共服务提供的最根本特征。综上，义务教育公共服务均等化包含了三类教育公平，即平等性公平、补偿性公平和差异性公平，这既体现了"有教无类"的要求，也体现了"因材施教"的精神，显示出我国义务教育均衡发展已经进入差异性均衡即优质均衡的新阶段。

以"核心素养"为导向促进城乡义务教育优质均衡发展

我国义务教育发展已经从基本均衡走向优质均衡的新阶段。在推进中国式现代化、促进教育高质量发展、加快建设教育强国的背景下，基本公共教育服务不仅是民生，也是国计。义务教育不仅要均衡发展，更要优质发展。我国义务教育发展的目标是：到 2035 年，义务教育学校办学条件、师资队伍、经费投入、治理体系适应教育强国需要，市（地、州、盟）域义务教育均衡发展水平显著提升，绝大多数县（市、区、旗）域义务教育实现优质均衡，适龄学生享有公平优质的基本公共教育服务，总体水平步入世界前列。为实现这一目标，义务教育需要进行整体改革，需要从城乡一体化的视角统筹城乡义务教育发展，重点解决乡村教育优质化发展的问题。

第一，在目标层面，要建立城乡统一的义务教育质量标准，要坚持立德树人与全面发展，重点培育学生的核心素养，把学生尤其是乡村学校学生从片面发展、唯分数、唯升学的误区中解放出来。乡村学校的培养目标不要只是局限在培养"新型农民"上[①]，也不要只是局限于培养"应试技能"，要培养学生 21 世纪所需要的核心素养，尤其是创新能力、合作与交流能力、自我发展素养、信息素

---

① 袁桂林. 我国农村学校教育诸政策评析 [J]. 中国教育学刊, 2009 (2)：17-20.

养等。只有这样，在核心素养导向的考试评价制度下，乡村学校学生才能与县城学生在中高考竞争中、在未来社会竞争中站在同一起跑线上。

第二，在过程层面，要优化课程结构、改进教学方式，推进因材施教，促进每一个学生的个性发展与充分发展。要解决农村学校课程建设中的城市中心主义倾向，建立城乡课程资源开发、共享机制，要充分利用国家信息技术平台，向学生提供优质课程。改革教学方法，倡导启发式、探究式、参与式教学，县城学校要加强向乡村学校输送先进的教学模式。同时，改革教研制度，加强城乡教师的教研交流，提高乡村教师课堂教学水平。在教育数字化战略背景下，义务教育优质均衡发展的关键是转变教学方式，并将教育教学与信息技术深度融合。《关于构建优质均衡的基本公共教育服务体系的意见》要求开展人工智能助推教师队伍建设行动，支持教师创新教学方式，提高教师数字素养和信息技术应用能力。

第三，在保障层面，政府与社会要为义务教育提供土地空间、物力、财力、人力资源保障，尤其是要加强教师队伍建设。义务教育优质发展与均衡发展的关键在于教师队伍建设。《关于构建优质均衡的基本公共教育服务体系的意见》特别强调"强化教师关键作用"。义务教育的城乡差距、校际差距有诸多表现，关键在于师资素质的差距。义务教育的均衡发展，要"以推进师资配置均衡化为重点"。义务教育的优质发展，必须以教师队伍的高素质为前提条件，强教必先强师。要进一步完善教师交流轮岗保障与激励机制，加快实现县域内学校间师资均衡配置。提升教师队伍素质，可以从教师的职后培训与职前培养两个方面着力，积极探索建立新招聘教师在办学水平较高的学校见习培养制度；聚焦新课程、新教材、新方法、新技术，提高县域内开展教师全员培训的针对性与实效性。

推动城乡义务教育公共服务均等化，推动城乡义务教育优质均衡发展，政府要承担主要责任。在强化省级统筹、充分发挥市级政府作用的基础上，要重点落实以县为主的管理责任，积极推进县域内义务教育的一体化发展、整体发展、优质均衡发展。

（原文发表于《人民教育》2023 年第 12 期）

县中振兴需强化市级政府统筹

"县中塌陷"问题不是孤立存在的，而是与其他问题相互勾连甚至互为因果的：优质生源越流失，教育质量就越差，而教育质量越差，优质生源就越流失，优秀教师也就越留不住，于是形成恶性循环。县中塌陷的危害有目共睹。县中振兴的关键就是要解决恶性循环问题。

实施"县中提升计划"以振兴县中，具有重大现实意义。

谁来振兴县中？振兴县中，只靠县中自己努力是不够的，比如增加县中教育投入，学校就无能为力。县中振兴的主要责任在政府，但只靠县级政府是不够的，如要想规范普通高中招生秩序，县级政府就力量有限，要靠地市级甚至省级政府统筹推进；只靠教育行政部门是不够的，需要掌握重要资源的财政、编制、人力资源社会保障等行政部门协同推进。《"十四五"县域普通高中发展提升行动计划》是由九个部门联合印发的，这就说明振兴县中需要多个行政部门分工协作、强力推进。如教育部门要加强与其他相关政府部门的沟通协调、加强对县中教育教学改革的指导，发展改革部门要把县中发展纳入县域经济社会发展相关规划，财政部门要健全普通高中教育经费投入机制，人力资源社会保障部门要支持县中及时补充教师并完善县中教师待遇保障和激励机制，自然资源部门要合理保障县中学校建设用地需求，住房和城乡建设等部门要会同教育部门修订完善普通中小学校建设标准。

总之，振兴县中的主要责任在政府，但不只在县级政府，更在市级以上政府；不只在教育行政部门，更在相关"八部门"。例如：有些县级财政薄弱，要改善县中的办学条件，就必须加大市级以上政府转移支付力度。当前，要鼓励各地探索建立以地市为主的办学管理体制，促进市域普通高中教育整体协调发展。可见，我国对于义务教育强调"县域义务教育优质均衡发展"，而对于普通高中教育则要求提高统筹重心，强调"市域普通高中教育整体协调发展"。

振兴县中需要做什么？从现象和表面上看，县中塌陷是优质生源和优秀教师的过度流失。但解决策略有治标与治本之别。要深挖优秀师生流失的原因，然后对症下药，才能找到治本之策。要把人留住，关键是规范普通高中招生秩序、优化省域内和市域内教育生态、提高教师薪酬待遇、完善教师激励机制、积极改善县中办学条件、有效提升教育教学质量，并使各项措施互为补充、互相促进，最后形成良性循环。可见，县中振兴是一个系统工程，需要综合改革、整体推进。

具体而言，振兴县中需要重点做好以下工作。

第一，深化普通高中招生改革，把优质生源留住。要强化招生管理省级统筹责任、地市主体责任、县级落实责任，坚决杜绝违规跨规定区域掐尖招生，防止县中生源过度流失或集中，维护良好教育生态。这一点属于源头治理，对于县中振兴至关重要。

第二，加强教师队伍建设，把优秀教师留住。要及时补充县中教师，优化教师配备，着力解决县中教师总量不足和结构性缺员问题。要保障和提高教师待遇，以吸引优秀教师在县中安心从教，防止发达地区和城区学校到薄弱地区、县中抢挖优秀校长和教师。要加大县中校长和教师培训力度，提高校长办学治校能力和教师教育教学水平。总之，要使待遇留人、感情留人、事业留人三者形成合力，把优秀教师的身心都留住。

第三，提高物力财力保障水平，改善办学硬件条件。要加强县中标准化建设，加强学科教室、创新实验室、实验设备与信息化教学条件建设。要加大普通高中教育投入力度并向县中倾斜，省、市两级要加大对欠发达县区经费投入，确保县中生均公用经费足额拨付到校。

第四，深化课程教学改革，提高教育教学质量。在区域层面，政府部门要统筹推进深化课程教学改革，完善线上教育教学资源建设与应用保障体系，更好地促进优质教育资源共享。教研部门要对县中加强教育教学指导，为县中教育教学改革提供支撑。学校作为办学主体，对于提升教育教学质量要承担直接责任，需要围绕培养目标，促进学生的全面发展、个性发展与可持续发展，培养学生一辈子都需要的核心素养和关键能力。

需要注意的是，县中振兴过程中，不要把提升高考升学率与提高教育教学质量对立起来，要看到考试分数、高考升学率也是评价教育教学质量的重要指标，甚至是首要指标。较高的升学率具有极强的社会影响力与生源吸引力，对于困境中的县中而言，这是走向振兴的关键变量，不能轻视无视，而是要给予高度重视。最佳策略是把高考升学率与学生全面发展、与核心素养培育有机结合起来。

此外还需要注意两点：一是不要因为振兴县中而耽搁了县域义务教育的优质均衡发展，资源在义务教育与高中教育之间的分配往往是此消彼长的关系，要把握好资源分配的平衡点，不要顾此失彼；二是对于县中振兴不要操之过急，县中塌陷是多因素长期作用的后果，县中振兴也是多因素长期作用的成果。振兴县中任重而道远，对此要有静待花开的耐心，除非谎报作假，想立竿见影几乎不可能。

欲速则不达，教育尤其如此。

（原文发表于《中小学管理》2022年第2期）